奇書の世界史

三崎律日

PHP文庫

○本表紙図柄＝ロゼッタ・ストーン（大英博物館蔵）
○本表紙デザイン＋紋章＝上田晃郷

はじめに

人は、なぜ本を求めるのでしょうか。

「豊かな感情的体験を得るため」「教養や雑学を身につけるため」「仕事で役立つ知恵や技術を得るため」――。その目的は、千差万別です。

では、手に取った本を「買う」に至るとき、人はどんな思いを抱いているでしょう。

そこには、ある〝共通の感情〟があります。手にした本が「良い本」(あるいは、お金を出す価値がある本)だと考えたということです。

読者と本を結び付けるもの。それは、互いが持つ「価値観」の一致です。

ところが、この「良い本」を別の角度から眺めてみると、意外な顔を覗かせることがあります。

たとえば手塚治虫氏は、現在でこそ〝漫画の神様〟と見なされています。彼の作品は基礎教養として読むべき「良書」としてさえ扱われています。学校の図書室に手塚氏の作品が揃っていることも珍しくないでしょう。

しかし、日本では1955年頃に「悪書追放運動」があったことを忘れてはなりません。漫画は青少年の健全な成長を阻害するとして、徹底的に糾弾されたのです。手塚氏の作品も例外ではありませんでした。この運動は苛烈をきわめ、やがて漫画や雑誌を焚書する自治体すら現れるのです。

この一件だけ見ても「良い本」と「悪い本」の判断が、いかに簡単に逆転しうるかが分かるでしょう。

読者の評価がはっきりと分かれる書物といえば、「奇書」です。

「奇書」と聞いたとき、本にある程度詳しい方であれば「日本三大奇書」を思い浮かべるかもしれません。夢野久作『ドグラ・マグラ』、小栗虫太郎『黒死館殺人事件』、中井英夫『虚無への供物』の3冊です。

難解な語彙、翻弄する展開、衒学的表現――。読めば精神の不調に陥るとさえ言われ、まさに読者を〝狂気の世界〟に引きずり込むような本です。これらの書籍は、たしかに「奇」の字を冠するにふさわしい内容だと言えます。

しかし、拙書『奇書の世界史』では、この3冊のいずれも扱っていません。世間で「奇書」とされる本の多くは、作者自身が「奇書たるべし」として書き上げたものです。先に挙げた3作品はいずれも生まれた瞬間から奇書であり、作者の卓越した才能にあふれる名著です。ですが、私が「奇書」として紹介したいのは、少し趣が異なります。

私はむしろ、狙って「奇書」としては書かれていない書物に興味をくすぐられます。

作者自身の狙いや計らいとは裏腹に、いつの間にか「奇」の1文字を冠されてしまったもの。あるいはかつて、「名著」と持て囃されたのに、時代が移ろうなかで「奇書」の扱いを受けるようになってしまったもの――。こうした評価の反転による、数奇な運命を辿った書物たちです。

本書では、こうした歴史の「ある地点」において奇書として位置付けられた書籍を、「奇書」と「名著」の両方の観点から眺めていきます。

「かつて当たり前に読まれていたが、いま読むとトンデモない本」

「かつて悪書として虐（しいた）げられたが、いま読めば偉大な名著」

1冊の本を「昔」と「今」の両面から見ていけば、時代の変遷に伴（ともな）う「価値観の変化」が浮かび上がってきます。

そもそも、本の「良し／悪し」は、読者一人ひとりが決めるべきものです。

一般論で言えば、大人や権力者が「良書」「悪書」を決めるべきではないし、焚書をするなどもってのほか、ということになります。

しかし一方で、読者一人ひとりの「評価軸」も確固としたものではありません。

幼い頃に楽しく読んだ物語が、大人になってから読むと心がときめかない。あるいは学生時代には難解だった本が、後年には自分の経験と一致して共感を覚える――。1人の人生のなかでも、書物に対する評価は日々移ろうのです。

ましてや大衆の抱く「評価軸」ともなれば、さらに容易に変わります。それは、先の手塚治虫氏の例でも分かるとおりです。現代の私たちが眉をひそめるような表現も、100年前の人々は笑い転げながら読んでいたかもしれません。感動で涙したかもしれません。

ちなみに科学の分野でも、このような評価の反転がたびたび起こりました。かつて「異端の発想」「教義に反する」として石を投げられた人物が、時を経て「偉大な発想」「歴史的な発見」の主として称えられる――。歴史上には、そんな科学者が多数登場します。

では、そういう「価値観の変化」を知ることにどんな意味があるのでしょうか?「昔の人は愚（おろ）かだったね」で終わりでしょうか?

もちろん違います。過去を知ることは、私たちの未来を予測することにもつながるのです。

たとえばあなたが、中世ヨーロッパの行商人だったとしましょう。丘を越えて隣の町まで商売に行く途中だったとしましょう。歩き疲れたあなたは少し立ち止まり、地図を広げたとします。もしもそのとき「1時間前に自分がいた場所」と「いまの場所」が分かっていれば、1時間後にどこまで進んでいるかも予測ができます。

同じことが、人間の「価値観」にも当てはまります。過去の価値観といまの価値観との違いが分かれば、将来の価値観も見えてくるはずです。

本書ではそのような「価値観の差分」を探ることに挑戦しています。そして奇書が教えてくれる「価値観の差分」を使えば、未来の私たちを占うこともできるでしょう。

本書の本編では、かつて一般大衆に受け入れられたものの、現代では奇書になってしまった書物を紹介します。

一方、「番外編」は逆です。かつて奇書やフィクションの類と目されたにもかかわらず、現代では名著として称えられている書物を紹介していきます。

それでは、「奇書」を通じて見る世界史、お楽しみください。

奇書の世界史

もくじ

万能薬のレシピか？ へんな植物図鑑か？ 未だ判らない謎の書

03 ヴォイニッチ手稿

VOYNICH MANUSCRIPT

著者不明

明治の偉人たちが吠える「最近の若者けしからん論」

04 野球と其害毒

新渡戸稲造 ほか

妖精の国に突き付けられた、不穏な国家再建案

05 穏健なる提案

A MODEST PROPOSAL

ジョナサン・スウィフト 著

偉人たちの知のリレーが、地球を動かした

番外編 01

天体の回転について

NICOLAI COPERNICI TORINENSIS DE REVOLUTIONIBUS ORBIUM COELESTIUM, LIBRI VI

ニコラウス・コペルニクス 著

番外編

世界で最初の快楽主義者は、この世の真理を語る

02

物の本質について

DE RERUM NATURA

ルクレティウス 著

読めば酒に溺れたくなる、水難の書物

09

サンゴルスキーの『ルバイヤート』

RUBÁIYÁT

ウマル・ハイヤーム 著

フランシス・サンゴルスキー 装丁

10

いまも地域に根差す、江戸時代の偽歴史書

椿井文書

椿井政隆 著

古代ギリシャ女流詩人が紡ぐ、赤裸々な愛の独白

11 ビリティスの歌

CHANSONS DE BILITIS

ビリティス 著
ピエール・ルイス 訳

1つの創作が科学へ導く、壮大なムーンショット

番外編 03 月世界旅行

DE LA TERRE À LA LUNE / AUTOUR DE LA LUNE

ジュール・ヴェルヌ 著

ブックデザイン：三森健太（JUNGLE）
イラスト：畠山モグ
編集：思机舎

＊本書は、２０１９年８月刊『奇書の世界史』（ＫＡＤＯＫＡＷＡ）を加筆修正し文庫化したものである。

＊過去の文献を紹介する際、一部の歴史的仮名遣いや旧字体を、読みやすいように改めた。

魔女に与える鉄槌

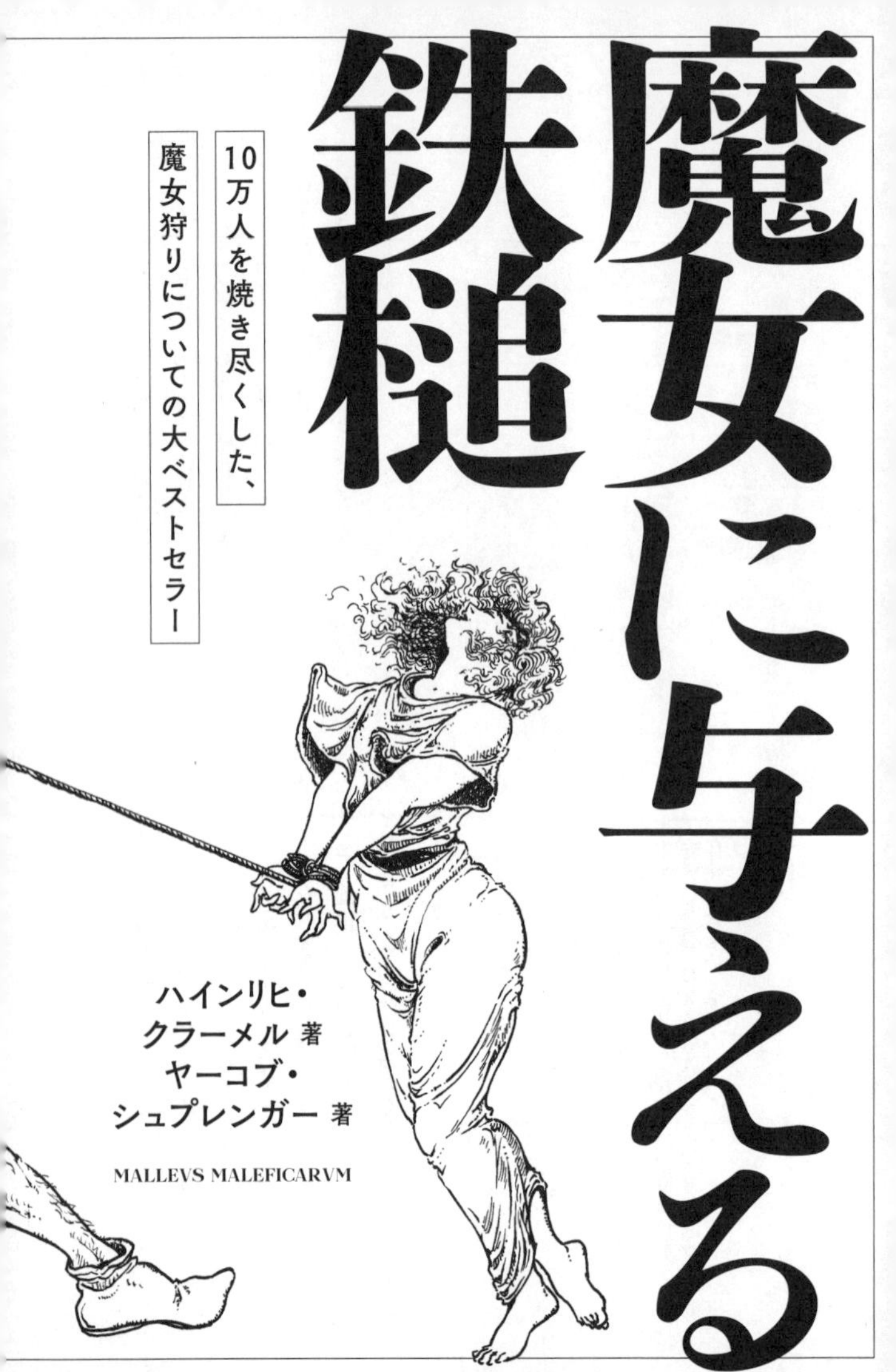

10万人を焼き尽くした、
魔女狩りについての大ベストセラー

ハインリヒ・クラーメル 著
ヤーコブ・シュプレンガー 著

MALLEVS MALEFICARVM

01

本を焼く者は、

やがて人間も焼くようになる。

作家
ハインリヒ・ハイネ
〔1797－1856〕

01

『魔女に与える鉄槌』は、3部構成からなる、魔女狩りに関する手引書と言える書物です。1486年に初版が出たのち、1669年までの間にフランス語版、ドイツ語版、イタリア語版、英語版が発行されて、重ねた版は少なくとも34版、3万部以上刷られています。

15世紀末から16世紀初頭における、異端審問官たちの必携書として、魔女狩りが本格化するきっかけとなりました。

一連の異端審問によって死に追いやられた犠牲者の数は10万人にも上ります。

この本を著したのは、異端審問官であった[※1]ハインリヒ・クラーメルという男です。本書は彼がインスブルックというオーストリアの町で味わった、人生初の大敗北をきっかけに生まれました。

1人の男が〝怒り〟で書き上げた

1485年から始まった、インスブルックでのクラーメルの異端審問は、被疑者に自白させるためなら脅迫や暴力も厭いませんでした。時には審問の記録を歪曲することさえありました。彼の容赦ないやり方は、市民のみならず、現地教会の反感をも招くことになります。そしてクラーメルは審問委員会による精査を受けることになったのです。その結果、クラーメルの審問は棄却され、教区から追放されました。

クラーメルにとって、これは屈辱的な大敗でした。彼は経歴に傷をつけられたことで怒りに燃え、自身の異端審問官としての知識を総動員して1冊の本を書き上げます。のちに『魔女に与える鉄槌』と題されるこの本は、魔女の危険性を訴えるだけのものではありませんでした。クラーメルが異端審問官として培った、

「魔女を見つけ出す技術」

MALLEVS MALEFICARVM,

MALEFICAS ET EARVM

hæreſim frameâ conterens,

EX VARIIS AVCTORIBVS COMPILATVS,

& in quatuor Tomos iuſtè diſtributus,

QVORVM DVO PRIORES VANAS DÆMONVM verſutias, præſtigioſas eorum deluſiones, ſuperſtitioſas Strigimagarum cæremonias, horrendos etiam cum illis congreſſus; exactam denique tam peſtiferæ ſectæ diſquiſitionem, & punitionem complectuntur. Tertius praxim Exorciſtarum ad Dæmonum, & Strigimagarum maleficia de Chriſti fidelibus pellenda; Quartus verò Artem Doctrinalem, Benedictionalem, & Exorciſmalem continent.

TOMVS PRIMVS.

Indices Auctorum, capitum, rerúmque non deſunt.

Editio nouiſſima, infinitis penè mendis expurgata; cuique acceſſit Fuga Dæmonum & Complementum artis exorciſticæ.

Vir ſiue mulier, in quibus Pythonicus, vel diuinationis fuerit ſpiritus, morte moriatur Leuitici cap. 10.

LVGDVNI,

Sumptibus CLAVDII BOVRGEAT, ſub ſigno Mercurij Galli.

M. DC. LXIX.

CVM PRIVILEGIO REGIS.

『魔女に与える鉄槌』の表題ページ。

「魔女を自白させるための効果的な拷問法」
「処刑のための教義的に正当な方法」

などが事細かに記されていたのです。まさに魔女狩りのためのハウ・ツーです。

本書には次のような一節があります。

女はその迷信、欲情、欺瞞(ぎまん)、軽薄さにおいてはるかに男をしのいでおり、体力の無さを悪魔と結託することで補い、復讐を遂げる。妖術に頼り、執念深いみだらな欲情を満足させようとするのだ。

「ユリイカ」(1994年2月号、青土社)より引用

この文章からも分かるように、クラーメルの女性に対する不信感は並々ならぬものがあったと推察されます。

実際、「魔女」とされてはいるものの、当時、魔術を使うとされた人間は必ずしも女性に限ったものではありませんでした。しかし、クラーメルはとりわけ女

性に対する記述を多く記しています。[※2]

もはやヒステリックと言える内容ですが、ここでひとつの疑問が浮かびます。なぜ一介の異端審問官にすぎない男による〝怒りに任せて書いた書物〟が、15、16世紀における魔女狩りを先導（扇動）するほどの力を持つことができたのでしょうか？

ここには大きく3つの理由があります。

❶権威からのお墨付きがあった。
❷活版印刷技術の出現による大量生産。
❸当時の時代性との合致。

教皇のお墨付きを悪用したクラーメル

まず第1に、本書の共著者とされている、ヤーコブ・シュプレンガー[※3]の存在です。

シュプレンガーは当時、神学研究において最も権威のある大学のひとつ、ケルン大学神学部の教授でした。

クラーメルは本書をケルン大学へ送り、査読を依頼しました。そして神学部教授陣8名による「クラーメルの考察は学術的に正当なものである」という同意書を取り付けたのです。

しかし後年の研究では、この同意書にはケルン大学から訂正の申し出があったことが分かり、クラーメルの捏造(ねつぞう)である可能性が指摘されています。共著者であるシュプレンガーも、クラーメルとの活動を拒んでいた節(ふし)があり、著書に関してもあくまでも名義貸しだけであったとも言われています。

『魔女に与える鉄槌』の冒頭には、「限りなき願いをもって求める」と題された教書(教皇や司教が信徒を教導するため公式に発する布告や書簡)が収録されています。この教書を著したのは当時の法王インノケンティウス8世[※4]です。魔女の実在とその脅威を訴える文言とともに、クラーメルに対して魔女狩りの権限を与えるということが記されています。

しかしこの教書は、『魔女に与える鉄槌』が書かれる2年前に、クラーメル個人に対して発行されたものでした。つまり、書籍そのものに対して許可を与えたわけではありません。ところがクラーメルは、著書の権威強化のために教書を「序文」として悪用したのです。[※5]教皇による教書というのは、神の言葉に等しいほど絶大な威力を持ちます。本書は冒頭に教皇のお墨付きを付け加えたことで、爆発的に普及するにいたったのです。

ちなみに、聖書のなかにも異端者の糾弾を奨励するような記述が存在します。『魔女に与える鉄槌』が発表された15世紀よりもずっと以前から、すでに異端とする存在を目の敵（かたき）としていました。

「魔法使の女は、これを生かしておいてはならない」（『出エジプト記』22.18）

「あなたがたのうちに、（中略）魔法使、呪文を唱える者、口寄せ、かんなぎ、死人に問うことをする者があってはならない」（『申命記』18.10~11）

『旧約聖書』（1955年訳、日本聖書協会）より引用

印刷技術の革新で、大量に生産された

第2に、活版印刷技術の出現もこの本の流布を後押しすることになります。ヨハネス・グーテンベルク[※6]によって活版印刷技術が実用化されたのは1455年、この本が出版された1486年は活版印刷による書籍印刷ブームとも言うべき時代です。それまで書物は、手写して複製するしかありませんでした。美しい活字によって記された書物は実際以上の神秘性を伴っており、大量生産によって瞬く間に普及したのです。

時代と合致したがゆえに招いた不幸

第3は、何と言っても本書の内容です。

『魔女に与える鉄槌』が出版された時代には、ペスト[※7]の流行や、小氷期[※8]と呼ばれる気候変動がヨーロッパ全土を襲いました。人々は病に倒れ、寒さに弱い小麦や

ブドウなどの作物も次々と枯れていったのです。その様はまさに「終末」と呼ぶにふさわしく、先行きの見えない不安が蔓延(まんえん)していました。そんななか、「この世の悪は魔女によってもたらされている」「魔女の増加は終末をもたらす」と語る記述が、当時に生きる人々の不安と合致してしまったのです。[※9]

村で起こった不幸に対し、人々は明確な「犯人」を求めました。村で疫病が流行(はや)れば、「酒場の女主人が毒を混ぜたに違いない」と疑い、産後に産褥熱(さんじょくねつ)で母親が死ねば、「産婆が魔術を働いた」と告発しました。

こうして数々の追い風を受け、『魔女に与える鉄槌』はヨーロッパ全土へと広まっていき、「暗黒時代」と呼ばれた12世紀をも上回る数の犠牲者を出すことになるのです。

＊

――以上が『魔女に与える鉄槌』に関する紹介です。

本書は全編にわたり、特定の宗教・宗派を批判する意図は一切ありません。かつてキリスト教の一部の思想を拠り所として行われた魔女狩りですが、これは時代や場所が変われば別の宗教や主義主張のもとでも行われています。たとえば、アステカ王モクテソマ2世は、メキシコ中の魔術師とその家族を虐殺した記録が残っています。また16世紀のアンゴラでは、旱魃を起こした疑いで「天候を操る」とされた人々が殺害されました。こうして歴史を眺めてみると、「鉄槌」に類する主義主張は数多く見つかります。

この本を「良書」と呼ぶか「悪書」と呼ぶかを判断するのなら、多くの人は「悪書」と断ずるでしょう。しかしそれは、現代の価値観に基づいたものにすぎません。かつてはこの本が（局地的ではあったにせよ）「良書」として扱われた時代があったことを忘れてはならないのです。

私たち一人ひとりがいまバイブルとして信じている主義主張が、他の誰かへの「鉄槌」となっていないかは常に顧みたいものです。

脚注

[22ページ出典]『Almansor』(Heinrich Heine、Die Perfekte Bibliothek)

※1 Heinrich Krämer（1430年頃〜1505年）。15世紀ドイツのドミニコ会士、宗教裁判官。

※2 クラーメルが記述のなかで「MALEFICARUM」、つまり女性名詞を用いていることから、witch＝魔「女」のイメージを決定づけられたとする研究者もいる。

※3 Jakob Sprenger（1436年頃〜1495年）。15世紀ドイツのドミニコ会士。

※4 Innocentius VIII（1432年〜1492年）。15世紀末のローマ教皇（在1484年〜1492年）。

※5 インノケンティウス8世はその数年前、すでに魔女狩りを奨励するような教書を公布していたので、明らかな被害者とするには無理がある。

※6 Johannes Gutenberg（1398年頃〜1468年）。ドイツ出身の金細工師、印刷業者。

※7 ペスト菌の感染によって起こる、致死率が高い急性感染症。黒死病とも呼ばれ、中世ヨーロッパで大流行した。

※8 15世紀から19世紀にかけて、ヨーロッパを中心に世界的に寒冷な気候が続いた。

※9 事実、比較的温暖な気候であったとされる12〜13世紀頃は、魔女狩りに関する記録は少ない。

台湾誌

稀代の
ペテン師が
妄想で書き上げた
「嘘の国の歩き方」

ジョルジュ・
サルマナザール
著

HISTORICAL AND
GEOGRAPHICAL
DESCRIPTION OF FORMOSA,
AN ISLAND SUBJECT
TO THE EMPEROR
OF JAPAN

02

嘘を書いていない

歴史の本など

およそ面白くないものだ。

詩人

アナトール・フランス

〔1844－1924〕

02

AN HISTORICAL and GEOGRAPHICAL DESCRIPTION OF FORMOSA, AN Island subject to the Emperour of Japan, GIVING

『台湾誌』は1704年、イギリスのロンドンで出版されました。作者である自称・台湾人[※1]ジョルジュ・サルマナザールが、幼少期を過ごした台湾の歴史、地理、民族、風習にいたるまで事細かに記した書物です。

これは17～18世紀当時の台湾の様子を伝える文献として、これ以上望めないほどに詳細に描かれており、たいへん貴重な歴史史料であると言えるでしょう。

ただし――。

ひとつ、この本が徹頭徹尾、サルマナザールの〝妄想〟をもとに書かれた完全なる偽書であることを除けば、ですが。

稀代のペテン師サルマナザール

作者の経歴については謎が多く、人物像については、晩年に自身が残した『追想録』からしか探ることができません。しかしこの書物もまた、先に述べたサルマナザールの〝特殊な才能〟ゆえ、どこまで信用できるものか断言することはできません。

なぜ、サルマナザールには謎が多いのか？　そしてその〝特殊な才能〟から、いかにして『台湾誌』が生まれ、イギリスの知識階級を夢中にさせたのか？

サルマナザールの〝ペテン師としての手腕〟を手掛かりに、その人物像をあぶり出していきましょう。

02

ニセ修道士のサルマナザール、ニセ日本人のサルマナザール

サルマナザールは、1680年頃に南フランスで生まれました。サルマナザールという名は旧約聖書にあったアッシリア[※2]の王からとった偽名であり、本名は分かっていません。

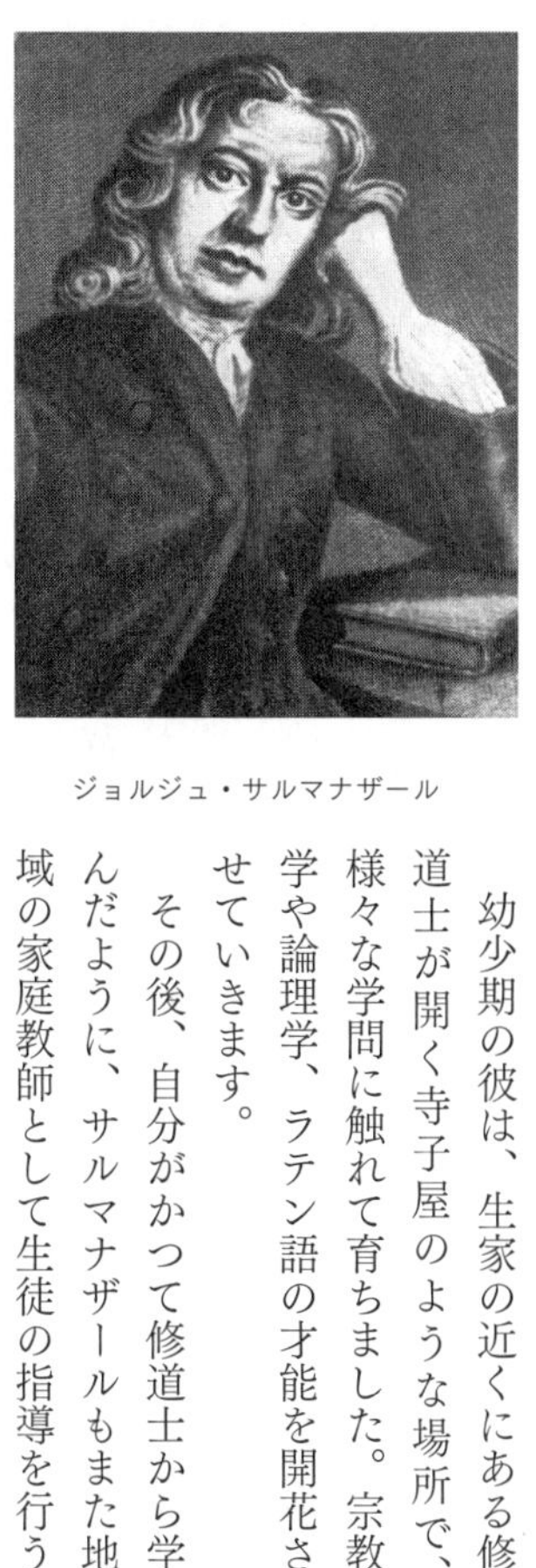

ジョルジュ・サルマナザール

幼少期の彼は、生家の近くにある修道士が開く寺子屋のような場所で、様々な学問に触れて育ちました。宗教学や論理学、ラテン語の才能を開花させていきます。

その後、自分がかつて修道士から学んだように、サルマナザールもまた地域の家庭教師として生徒の指導を行う

ようになります。ところが、訪問先の生徒の母親から誘惑されるなどといったことから、自分の仕事に嫌気がさして辞めてしまいました。

そして、身分を修道士だと偽りながらヨーロッパ各地で放浪を始めるのです。しばらく旅を続けるなかで、イエズス会派の宣教師たちと交流を持ち、彼らから遠い異国の「日本」なる国の話を耳にします。ニセ修道士として長い放浪を続け、その日暮らしの生活にも限界を感じていたのでしょう。彼は「日本人」を自称することを思いつくのです。

当時の欧州において「日本人」を名乗ることにどれほどのメリットがあったのかは不明です。しかし、結果的にこの選択が、彼自身をさらなるペテンの泥沼へと誘い込みました。

「日本人」を名乗り始めてしばらく経った頃、サルマナザールは食い扶持（ぶち）を稼ぐためにスコットランド軍の新兵募集に応募しました。日本人を自称する謎の異教徒に対して、兵士らは各々宗教的な議論を持ちかけますが、彼はもともと博覧強記で頭脳明晰。思うままに煙に巻いてしまいます。しかし、その人を喰ったような振る舞いのためか、サルマナザールの噂は上官の興味を引き、当時の連隊長官ジョージ・ラウダーに呼び出されることになりました。

そこに同席していたのが、のちに「この世で最も聖職者にふさわしくない者」と評される、ウィリアム・イネス牧師[※3]です。同族同士に通じるある種の嗅覚ゆえか、イネス牧師はひと目でサルマナザールのペテンと、嘘を吐き通す才能を見抜き、2人きりのときを見計らってある課題を出しました。

イネス牧師「あなたの日本語に関する知識は驚くべきものだ。ちょっとこのキケロ[※4]の文章を日本語に訳してはもらえないか」

サルマナザール「お安い御用だ」

いままでも同様の依頼を持ちかける人が多かったことから、サルマナザールはいつものように、何のためらいもなく引き受けました。

イネス牧師も日本語は知らないだろうから、適当に書いてもバレはしない。いやむしろ、これまでの人々と同じように「文字は読めないが、とにかく珍しいものを手に入れた。ありがとう」とばかりに、嬉々として立ち去るだろうと考えたのです。

こうしてサルマナザールは〝日本文字〟で書いたとする、まったくのでたらめな文章を即興で書き上げ、イネス牧師に差し出しました。

ところが、イネス牧師が次に発した意外な言葉に、サルマナザールは度肝を抜かれます。

イネス牧師「ありがとう。ではもう一度、同じ文章を日本語に訳してもらいたい」

サルマナザール「何!? お、お安い御用だ」

創作で作り上げた〝日本文字〟を再現しろと言われ、サルマナザールは狼狽(ろうばい)を隠しつつも、直前の記憶を振り絞って書き上げました。しかし当然、まったく同じ文字を再現できるはずがありません。

イネス牧師「おかしいですねぇ。まったく同じ文章のはずなのに、長さも文の区切りもまるで違いますよ?」

サルマナザール「……」

イネス牧師「世間にばらすつもりはありませんよ。それより、私にも一枚かませてください」

……と、このようなやり取りの末、イネス牧師による「ペテン師サルマナザール」のプロデュースが始まりました。

台湾人、ジョルジュ・サルマナザールの誕生

イネス牧師はまずサルマナザールに対して、宣教師たちがすでに多数赴(おもむ)いている日本人ではなく、未開の地である「台湾人」を名乗ることを勧めます。そして、自ら洗礼を施すことで「祖国を離れ、偉大なるイギリスへ流れ着いた博識な台湾

人」という経歴でイギリス国教会へ入信させました。このとき洗礼名として授けられたのが「ジョルジュ」の名であり、このイネス牧師との出会いをもって稀代のペテン師「ジョルジュ・サルマナザール」が誕生したのです。

イギリスに上陸した（とされる）サルマナザールは、主教らに「台湾語訳」したイギリス国教会の「カテキズム」[※5]を贈りました。今回はイネス牧師との教訓を生かし、英語と完全に対応させた独自の「台湾語」も作り出し、万全な地固めを行っています。

イギリス国内はサルマナザールに夢中になりました。英語とラテン語を流暢に話し、いままで聞いたこともない「台湾語」を操る異邦人の魅力に取り憑かれてしまったのです。

大反響を見たイネス牧師は、これまでの「台湾」に関する発言を１冊の本として出版することを思いつきます。

こうして１７０４年に生まれたのが『台湾誌』、正式名称『日本皇帝支配下の島、台湾の歴史地理に関する記述』です。

本を執筆するにあたってイネス牧師は、ツテを通じて入手した中国や日本に関するいくつかの文献をサルマナザールに渡しています。そのため『台湾誌』の記述は、サルマナザールの空想と、宣教師らが見た現実の中国や日本とが入り交じった混沌とした様相を呈しています。

序文（2部構成）では、読者に対しサルマナザールがれっきとした台湾人であることを印象づけるため、自分の生い立ちについてまとめています。周到なのは、400ページ近くにもおよぶ本書で、その約半分を序文に費やしていることです。

- 台湾の高官の家に生まれた自身が、イエズス会派宣教師の口車にのせられ台湾を出るまでの経緯。
- イエズス会派による、ローマカソリックへの強引な改宗に嫌気がさし、英国へ流れ着くまでの経緯。

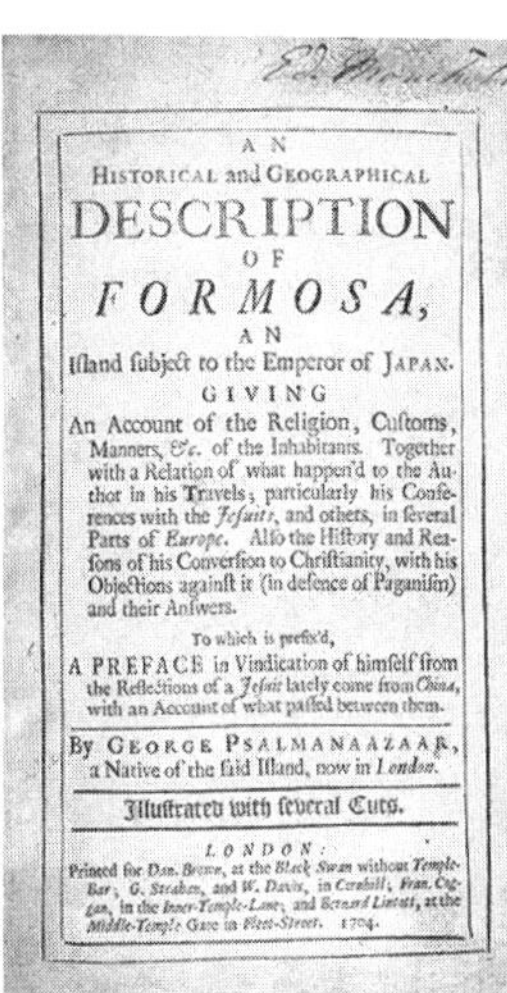

AN
HISTORICAL and GEOGRAPHICAL
DESCRIPTION
OF
FORMOSA,
AN
Island subject to the Emperor of JAPAN.
GIVING
An Account of the Religion, Customs, Manners, &c. of the Inhabitants. Together with a Relation of what happen'd to the Author in his Travels; particularly his Conferences with the *Jesuits*, and others, in several Parts of *Europe*. Also the History and Reasons of his Conversion to Christianity, with his Objections against it (in defence of Paganism) and their Answers.

To which is prefix'd,
A PREFACE in Vindication of himself from the Reflections of a *Jesuit* lately come from *China*, with an Account of what passed between them.

By GEORGE PSALMANAAZAAR, a Native of the said Island, now in *London*.

Illustrated with several Cuts.

LONDON:
Printed for *Dan. Brown*, at the *Black Swan* without *Temple-Bar*; *G. Strahan*, and *W. Davis*, in *Cornhill*; *Fran. Coggan*, in the *Inner-Temple-Lane*; and *Bernard Lintott*, at the *Middle-Temple* Gate in *Fleet-Street*. 1704.

『台湾誌』の表題ページ。

『台湾誌』本編の構成

「本島の位置、緯度、及び地方区分について」「本島に起こった革命」「体制と皇帝Meryaandanoo制定の法律」「台湾の宗教と祭事」「断食日」「祭事の行事」「僧侶の選任」「太陽、月、および10の星の崇拝について」「礼拝の仕方」「子どもの誕生時の儀式」「結婚またはGroutachoについて」「葬礼の儀式」「霊魂についての考え方」「僧服」「台湾の人々の風習」「台湾人とは」「各身分別による服装」「都市、町、家屋、宮殿、城」「自給物資と必要輸入品」「度量衡」「迷信」「疾病とその治療法」「王、副王、軍司令官、僧侶、その他高官の給与」「果物」「常食物」「英国には見られない動物について」「言語、備考、著者訳台湾語主への祈り、使徒信条、十戒の対訳」「船舶」「通貨」「兵器」「楽器」「子弟の教育について」「日本と台湾における技芸について」「副王の盛大な鹵薄について」「1549-1616年間にわたるイエズス会の布教の成功、また、1616年のイエズス会派の大虐殺、キリスト教禁止令」「オランダ人の来日と彼らのやり口」「日本と台湾に潜入しようとするイエズス会派の新たな布教のやり方」

出典：「虚構に賭けた男」（吉田邦輔著）。

そして本題では、台湾の地理、文化、風習などが37章にわたって事細かに記されています（上図参照）。サルマナザールは台湾人について、次のように述べています。

- 台湾人の祖先は日本人である。
- 台湾人は蛇を食す。
- 台湾では毎年2万人におよぶ、少年の心臓が神に捧げられている。
- 台湾の庶民は上着一枚をはだけたまま着る。陰部は金属製の覆いでのみ隠す。

当然これらの話は、サルマナザールが空想で書き上げたものです。実際の歴史における台湾には、もちろんこのような習慣はありません。台湾の存在が初めてヨーロッパ人に知られるようになったのは1544年、ポルトガル人らによって発見されたのが始まりです。1624年、当時のアジアにおいて絶大な影響力を誇っていたオランダ東インド会社が台湾へと侵攻し、この島を統治下におきました。

サルマナザールが描いた台湾人のイラスト。

一方、中国大陸では1644年、農民らの反乱によって明が滅亡。明の政治家にして軍人であった鄭（てい）成功（せいこう）が台湾へと落ち延びます。彼はこの島を拠点として明朝の復興を果たすべく、台湾を統治していたオランダ東インド会社への攻撃を行い、1661年に見事これを撤退させることに成功します。

しかしその翌年、鄭成功は病により死去。鄭氏の政治は3代続きますが、1683年に清朝の侵攻を許します。そして1684年、台湾府が置かれ、福建省に隷属する植民地となりました。

こうして、オランダが台湾島から締め出されて以降、台湾にはヨーロッパが入りづらい状況が続いていました。イギリスとオランダがアジアの利権を巡って争う関係にあったため、なおさら台湾の情報が入手しづらかったのです。

かくして台湾は、イギリスの人々にとって非常にミステリアスな国となりました。

当時のイギリスに『台湾誌』の内容を客観的に検証できる人はいませんでした。情報がまったくない地域の話だからこそ、読者には目新しく魅力的なものとして映ったのです。日本や台湾を「遠い東の果てにある未開の国々」と印象づけるためにも、記述はでたらめであるほど都合がよかったのかもしれません。サルマナザールは自身の手描きによる挿絵を随所に差し込みながら、視覚的にも読み手の好奇心をくすぐっています。
ちなみに、日本に関する記述もいくつかあり、

- かつて中国人だったMeryaandanooなる人物が日本へ亡命したのち日本王を謀殺し、次いで台湾も占領下に置いた。
- 兵士たちを潜ませた美しい輿(こし)を台湾王に贈りつけ、王城を攻略した。
- 日本では多神教、一神教、無神論の3種の宗教が存在しており、最も強い影響を持つのが多神教である。
- 国都Meacoにあるアミダ(Amida)という寺院には1000体の黄金の偶像が祀られている。
- 日本語は台湾語や中国語と比べて非常に特異な言語体系をしている。これは、日本人が自身らを追放した中国を恨むあまりに、言語に限らず自国内に入ってきた文化、宗教にいたるまでをどんどん改変する習慣があるためである。

と、様々な文献から寄せ集めたような記述がなされています。

周囲の批判も、得意の詭弁で乗り切る

こうして世間へ明文化してしまった、サルマナザールによる〝台湾観〟。多くの読者がサルマナザールに夢中になる一方で、当然ながら、これまでとは比べものにならないほどの疑問や批判も集まりました。しかしこれらの疑義に対しても、彼は『台湾誌』の第2版で反論しています。一例を挙げると、

Q．極東の国々の人間は黄色い肌をしていると聞くが、あなたの肌は真っ白ではないか。

A．私は台湾でも特に階級の高い家の生まれなので、一般階級のように外に出て日に焼けずに済んだのです。

Q．あなたの著作には19歳で台湾を離れたと書いてありますが、そんな若くに祖国を出たのにしては、あなたの記述は詳細すぎではありません

か？

A．私に言わせれば、あなたがたがその年まで英国で生きてきたのにもかかわらず、英国について何も語れないことのほうが不思議ですがね。

Q．あなたの台湾の位置に関する説明は、他の人たちの説明と異なっていて信用に足りない。あなたは日本と台湾は200リーグ離れている[※6]と言うが、ほかの人の著作では140または150リーグと語られている。

A．「140または150リーグ」って、「ほかの人」の記述だって曖昧じゃあないですか。そもそも、あなたの言う「ほかの人」が正しくて私が間違っていると思われる根拠は何ですか？

さながら詭弁の見本市のような煙の巻き具合です。このとき争点となったのは、先にも述べたとおり、当時のイギリスの人々にとってほぼ検証不能な「異国の文化」という点でした。ある意味では言った者勝ちな土俵において、人並み外れた想像力を持つサルマナザールに、空想力の強度で勝てる者はいませんでした。

第2版で注目すべきは、台湾語のアルファベット表です。もちろんこれも、ヨーロッパの言語、ヘブライ語などからヒントを得て作り上げた、でたらめなものです。

このように一部の人々から疑問視されたものの、『台湾誌』はイギリスで広く読まれるに至りました。版を重ねる際に創作の整合性を補強し、知識階級から非常に好意的に受け止められたからです。

イギリスの知識階級たちの間でサルマナザールの名を知らぬ者はいなくなり、講演会や講師の依頼がひっきりなしに舞い込みました。膨大な嘘に塗り固められた世界観にもかかわらず、サルマナザールは架空の「台湾」を自身の頭の中に完璧な形で存在させ、どのような質問にも、過去の記述・発言と矛盾することなく答えていきました。

……しかし、無敵の強度を誇ったはずの空想も、ある人物の登場により突如として瓦解することになります。

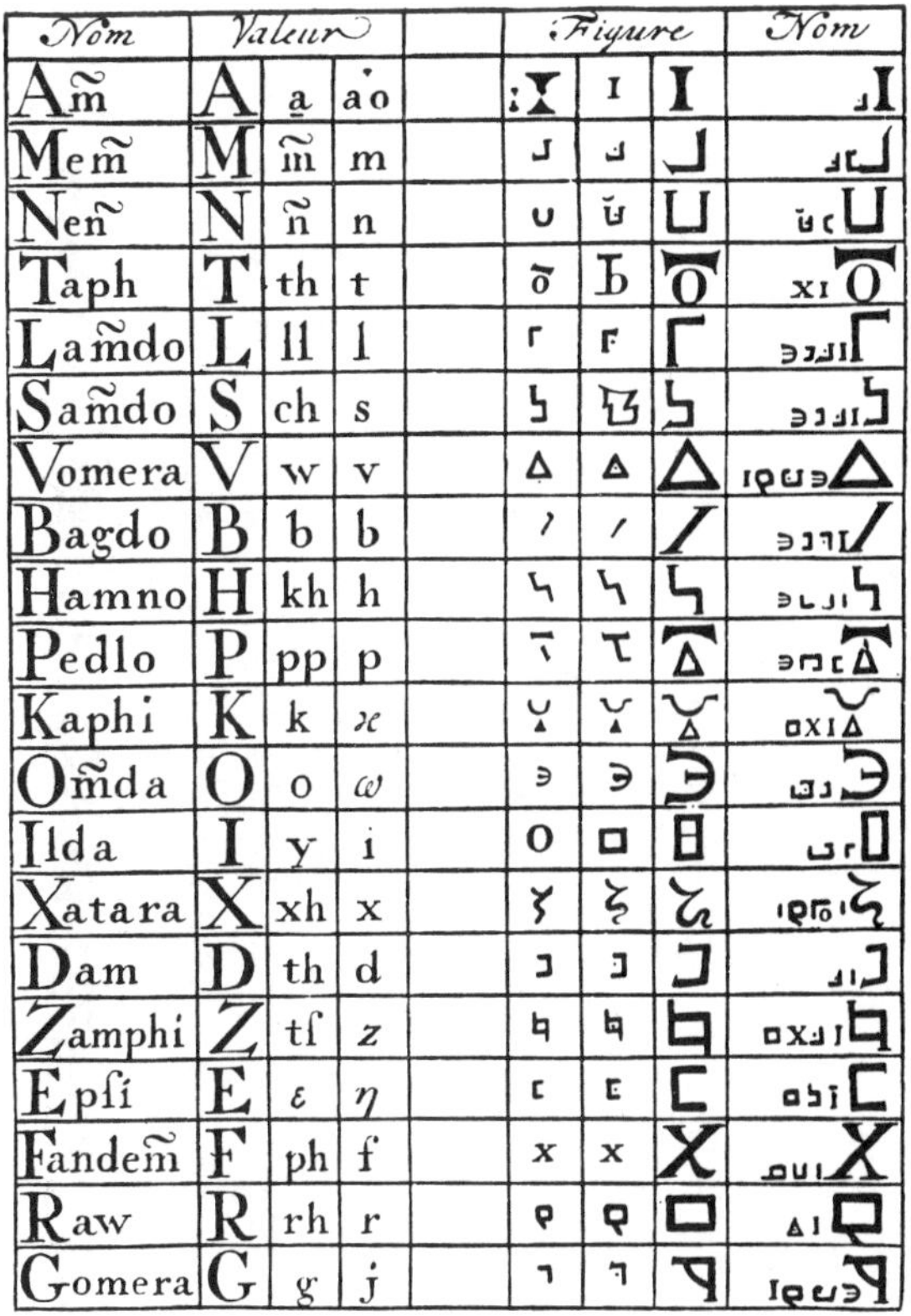

Nom	Valeur				Figure			Nom
Am̃	A	a	ȧo					
Mem̃	M	m̃	m					
Neñ	N	ñ	n					
Taph	T	th	t					
Lam̃do	L	ll	l					
Sam̃do	S	ch	s					
Vomera	V	w	v					
Bagdo	B	b	b					
Hamno	H	kh	h					
Pedlo	P	pp	p					
Kaphi	K	k	ϰ					
Om̃da	O	o	ω					
Ilda	I	y	i					
Xatara	X	xh	x					
Dam	D	th	d					
Zamphi	Z	tſ	z					
Epſi	E	ε	η					
Fandem̃	F	ph	f					
Raw	R	rh	r					
Gomera	G	g	j					

サルマナザールが作成した台湾語のアルファベット表。

天才ペテン師にも、勝てない相手がいた

きっかけは、当時の王立協会会長を務めていたアイザック・ニュートン[※7]でした。ニュートンは、サルマナザールが語る〝台湾観〟については「概ね正しい」としながらも、記述そのものは、過去の日本と台湾に関する資料の引き写しにすぎないと指摘しました。

しかしこれは、サルマナザールにとっては完全に的外れな批判です。なぜなら先に述べたとおり、彼の「台湾」はほとんどすべてが空想の産物であり、参照した文献についても「別の国のことなのだから記述が似通うのは当然」と矛先をそらすことができたからです。結果としてニュートンの批判は退けられたのです。

ところがここで、意外な落とし穴が待っていました。それまでサルマナザールを陰に陽に支えてきたイネス牧師が、ニュートンという思わぬ超大物の登場に怖気づき、このペテンから手を引いてしまったのです。「サルマナザール」という話題の人物を改宗させたという功績から英国軍従軍牧師総督という地位を得たイ

ネスでしたが、あっさりとポルトガルへと旅立っていきました。

大事なビジネスパートナーを失い、自身の虚言(そらごと)に耐えきれなくなってきたサルマナザールに、とどめの一撃が下ります。

アイザック・ニュートンの盟友にして、「ハレー彗星」の周期性の発見などで知られる※8エドモンド・ハレーが、サルマナザールに対して「台湾の地下の家屋は1日にどの程度煙突から日が差し込むか」など、天文学的に「正解の存在する」質問を多数投げかけたのです。それまでサルマナザールは、台湾の「文化」については無敵の論破力を持っていました。誰も検証できなかったからです。しかし、科学と計算の力で武装した「事実」には、まったく太刀打ちできませんでした。答えに窮したサルマナザールは、追及から逃げるような沈黙の期間を経て、最後には自らの行ってきたすべてのペテンを自白したのです。

こうしてサルマナザールの輝かしい日々は終わりを告げました。

サルマナザールは、自身の嘘をもっともらしくするため、日常的に奇矯な行動を繰り返していたと言います。たとえば、生肉をそのまま食べたり、蛇を首に巻いた状態で人前に現れたり、部屋ではろうそくを絶やさず不眠不休で勉強している様子を周囲にアピールするなど……。しかし、これらの様々な自己プロデュースに追われる日々が、彼にとって本当に輝かしいものであったのかは、結局のところ本人にしか分かりません……。

＊

――以上が、『台湾誌』とその作者、ジョルジュ・サルマナザールに関する紹介です。

『台湾誌』に対するのちの世のイギリス文壇の評価は厳しく、公（おおやけ）に彼を「ペテン師」と罵（ののし）るような書評が数多く残されています。また、1711年3月16日付の「スペクテイター」紙では、4月1日（＝エイプリルフール）に公開される舞台広告として、次のような見出しが掲載されました。

「オペラ『残虐非道のアトレウス』公開。なお、人食いのシーンは、先ごろ台湾からご当地にお目見えの名高きサルマナザール氏が演じる」

サルマナザールへの評価は最終的に、「知的な台湾人」から「ジョークとして消費される変人」というところまで堕ちることになりました。

しかし一方で、この『台湾誌』を完全な「フィクション」として捉えるのであれば、これほど大胆かつ精緻(せいち)に組み上げられた架空史はそうそうないでしょう。実際にサルマナザールの著作は、多くの人物に影響を与えました。ジョナサン・スウィフト[※9]は、著書『ガリバー旅行記』において、架空の土地ばかりを描写するなか唯一、実在する「日本」を登場させています。また、全44巻にもおよぶ大著『博物誌』を著した、フランスの博物学者ビュフォン[※10]にいたっては、その著作で『台湾誌』の一部を事実として引用しています。

虚飾を保ち続けることに疲れた晩年のサルマナザールは、表舞台から姿を消し、その知識と執筆能力を生かして、主にゴーストライターなどの文筆業で生計を立てていたようです。匿名で引き受けた仕事では、皮肉にも台湾の地理に関する執筆もありました。そのなかでサルマナザールは、『台湾誌』の記述を痛烈に批判しています。

彼が最後に「ジョルジュ・サルマナザール」の名で書き上げた著作は、冒頭でも紹介した自身の回顧録です。それが出版されたのは死後2年を経てからでした。『＊＊＊の追想録』と題されたその書籍は、本来であれば自らの名が入るべき箇所が伏せ字となっていました。最後まで真の名を明かさずに死んでいった「彼」の『追想録』が、どこまで真実であるのかは皆さんのご想像にお任せいたします。あるいは、我々はいまもなお「『台湾誌』という虚構を描いた男」という、大ペテンにかけられているのかもしれません。

脚注

[36ページ出典]『アナトオル・フランス長篇小説 第1巻』(アナトオル・フランス著、伊吹武彦訳、白水社)

※1 George Psalmanazar(1679年?〜1763年)。

※2 Shalmaneser III(生没年は不詳)。シャルマネセル3世。古代アッシリアの王。戦に長け、メソポタ

ミア北部アッシリア（現在のイラク）の支配圏を大幅に広げた。息子たちに反乱を起こされ命を落とす（在B.C.859年〜B.C.824年）。

※3 William Innes（生没年は不詳）。サルマナザールより数年、年上とされている。醜聞として、スコットランドの青年牧師が書き上げた原稿を横取りし、自身の名義で出版。周到にも、国王と大法官への献辞を加えたことで、のちにエセックス州ラッグネスの教区牧師に任命された。

※4 Marcus Tullius Cicero（B.C.106年1月3日〜B.C.43年12月7日）。ローマ共和制の末期の政治家、文章家、哲学者。

※5 宗派の教えを端的に表した文章。

※6 当時の1リーグ＝3海里≒5・6㎞。

※7 Sir Isaac Newton（1642年12月25日〜1727年3月20日）。イングランドの自然哲学者、数学者、物理学者、天文学者、神学者。

※8 Edmond Halley（1656年10月29日〜1742年1月14日）。イギリスの天文学者、地球物理学者、数学者、気象学者、物理学者。

※9 129ページ※1参照。

※10 Georges Louis Leclerc de Buffon（1707年〜1788年）。フランスの博物学者。啓蒙思想家。

ヴォイニッチ手稿
著者不明
VOYNICH
MANUSCRIPT
万能薬のレシピか？
へんな植物図鑑か？
未だ判らない謎の書

03

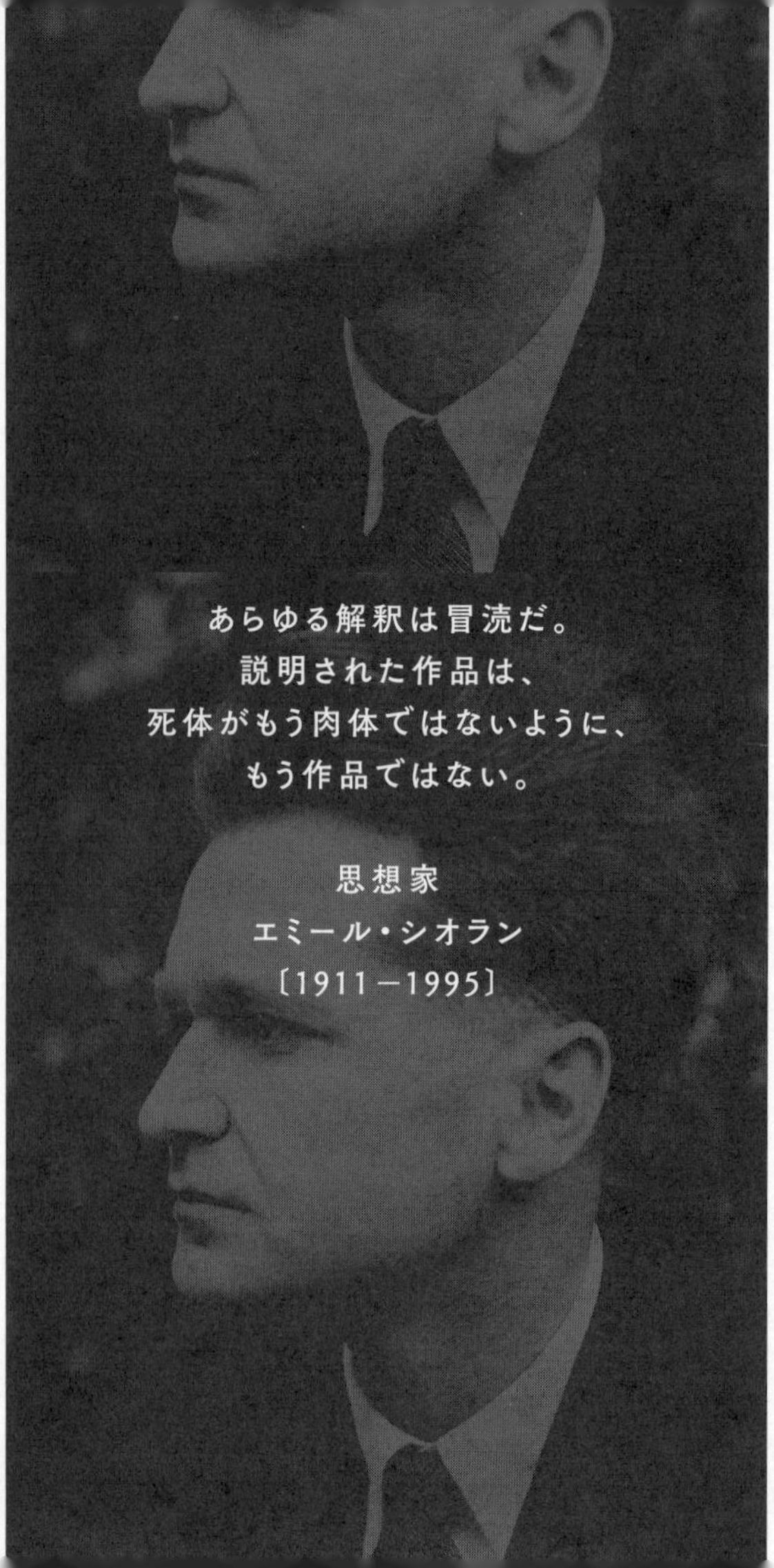

あらゆる解釈は冒涜だ。
説明された作品は、
死体がもう肉体ではないように、
もう作品ではない。

思想家
エミール・シオラン
〔1911－1995〕

03

『ヴォイニッチ手稿』とは、古物商ウィルフリド・ヴォイニッチ[※1]によって「再発見」された、全編手書きの古文書です。正式な書名は判明せず、一般的にこのように呼ばれています。

内容は大まかに「植物」「天文」「生物」「薬草」というようにジャンル分けがされています。また各ページには独特のタッチの挿絵とともに、その隙間をみっしりと埋めるように文字が書き込まれています。

たとえば「植物」のジャンルで描かれている植物は、（一部を除き）実在するものとはかけ離れた姿をしており、内容の類推を困難にしています。

そしてこの手稿最大の謎――。それは、文字です。全編を通じて書き綴られた文章は暗号化されており、現代でも様々な憶測を呼んでいるのです。

万能薬「シナピスの水」のレシピ本か？

ウィルフリド・ヴォイニッチは、とりわけ稀覯書を中心に商売を行っている古物商でした。1912年、イタリアのイエズス会派修道院ヴィラ・モンドラゴーネで『ヴォイニッチ手稿』を発見します。手稿を手にしたヴォイニッチは、いままで取り扱ってきた書物とは一線を画すものであると瞬時に感じ取りました。特に興味を引いたのは、手稿に添付されていた1枚の手紙です。羊皮紙にラテン語で書かれた要旨は次のようなものです。

ウィルフリド・ヴォイニッチ

いとも尊く名高き猊下

この本を一目見たときから、これ

03

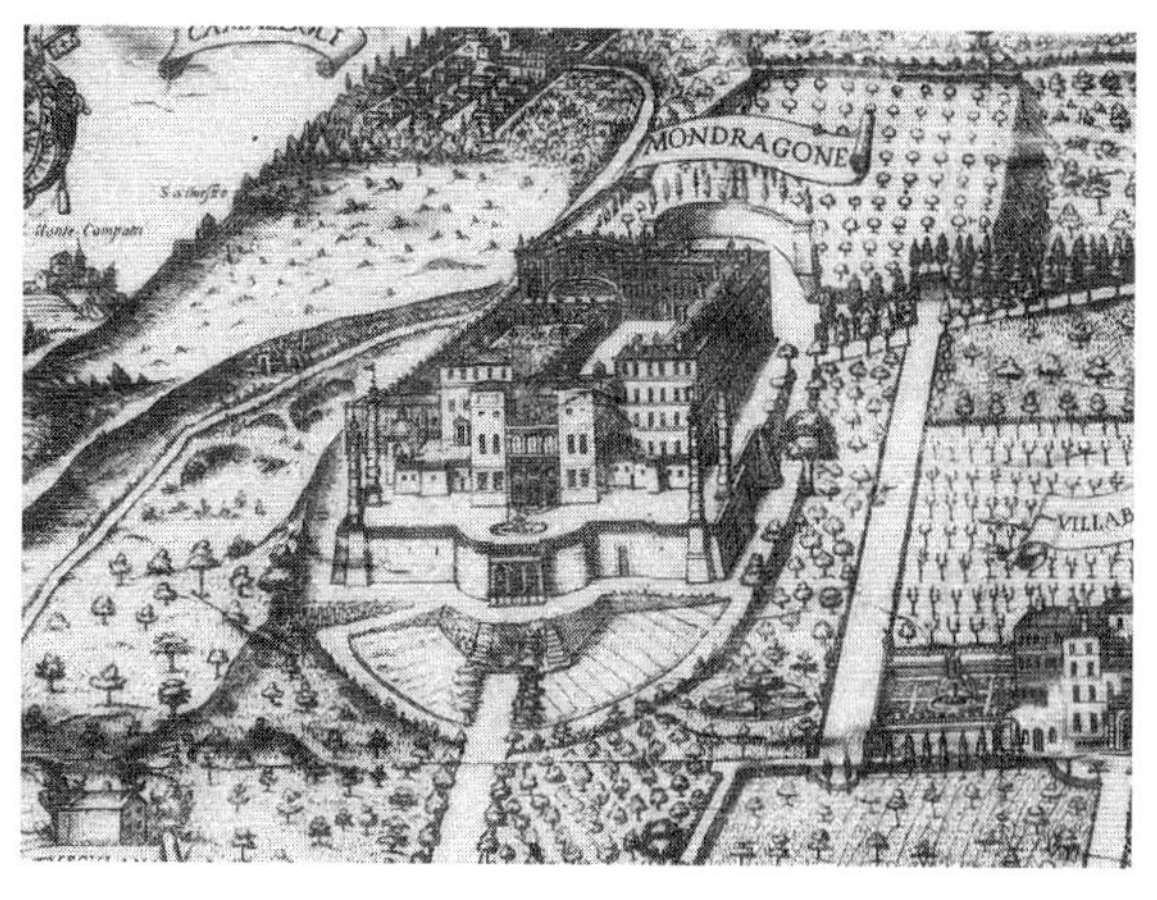

ヴィラ・モンドラゴーネ

をあなたにご覧いただかなくてはと感じました。この謎めいた書物を読み解けるのはキルヒャー猊下、貴方をおいてほかにはおりますまい。これはかつて神聖ローマ皇帝ルドルフ2世が、何者かから「かの英国人ロジャー・ベーコンの手なるもの」として600ダカットで買い取ったものだと言います。しかし真偽は不明です。あなたのその慧眼(けいがん)が真実を見抜かれることを信じております。

ヨアンネス・マルクス・マルチ

プラハ、1665(6?)年8月19日

『ヴォイニッチ写本の謎』(ゲリー・ケネディ、ロブ・チャーチル著、松田和也訳、青土社)より改変この手紙はプラハ大学の総長だったマルクス・マルチという人物が、ローマの学者アタナシウス・キルヒャー[※2]へ送ったものであると言われています。ルドルフ2世[※3]は、錬金術を特別に庇護したことで有名な皇帝です。ロジャー・ベーコン[※4]は、実験を通じて自然現象の原理を探ろうとした大錬金術師の1人で、「最初の科学者」とも呼ばれています。

もしもこの手稿が本当にベーコンの手によるものであれば、暗号を使ってまで秘匿しようとした英知とは一体何なのでしょうか。手稿を入手したヴォイニッチは、文書の解読と来歴の同定に邁進しました。その過程で、手稿の表紙の余白に、ほとんど消えかかった文字が書かれていることを発見します。

薬品処理によって浮かび上がったのは、「ヤコブズ・デ・テペネチ」という文字。これは、ルドルフ2世に仕えた錬金術師の名でした。これを見たヴォイニッチは歓喜します。

ヤコブズ・デ・テペネチ[※5]は、かつて「シナピスの水」という万病に効く薬を開発し、ルドルフ2世の病を治したことで知られる人物だからです。テペネチはルドルフ2世から預かったこの手稿を解読し、「シナピスの水」の製法を知ったのかもしれません。

ヴォイニッチによるその後の調査で、手稿のたどった経過は68ページの図のような流れであると推定されています。

暗号は「コード」か？「サイファ」か？

ヴォイニッチが手稿を発見して以降、中身に魅せられた多くの人々がこの文字を解読しようと試みました。ここからは、彼らが主張する解読方法を見ていきましょう。

手稿に挑んだ多くの人々はまず、この暗号が「コード」か「サイファ」なのかを考える必要があります。日本語ではいずれも「暗号」と訳されますが、暗号化されている単位が「単語（コード）」か「文字（サイファ）」かという違いがあるのです。

『ヴォイニッチ手稿』が渡った経路（推定）

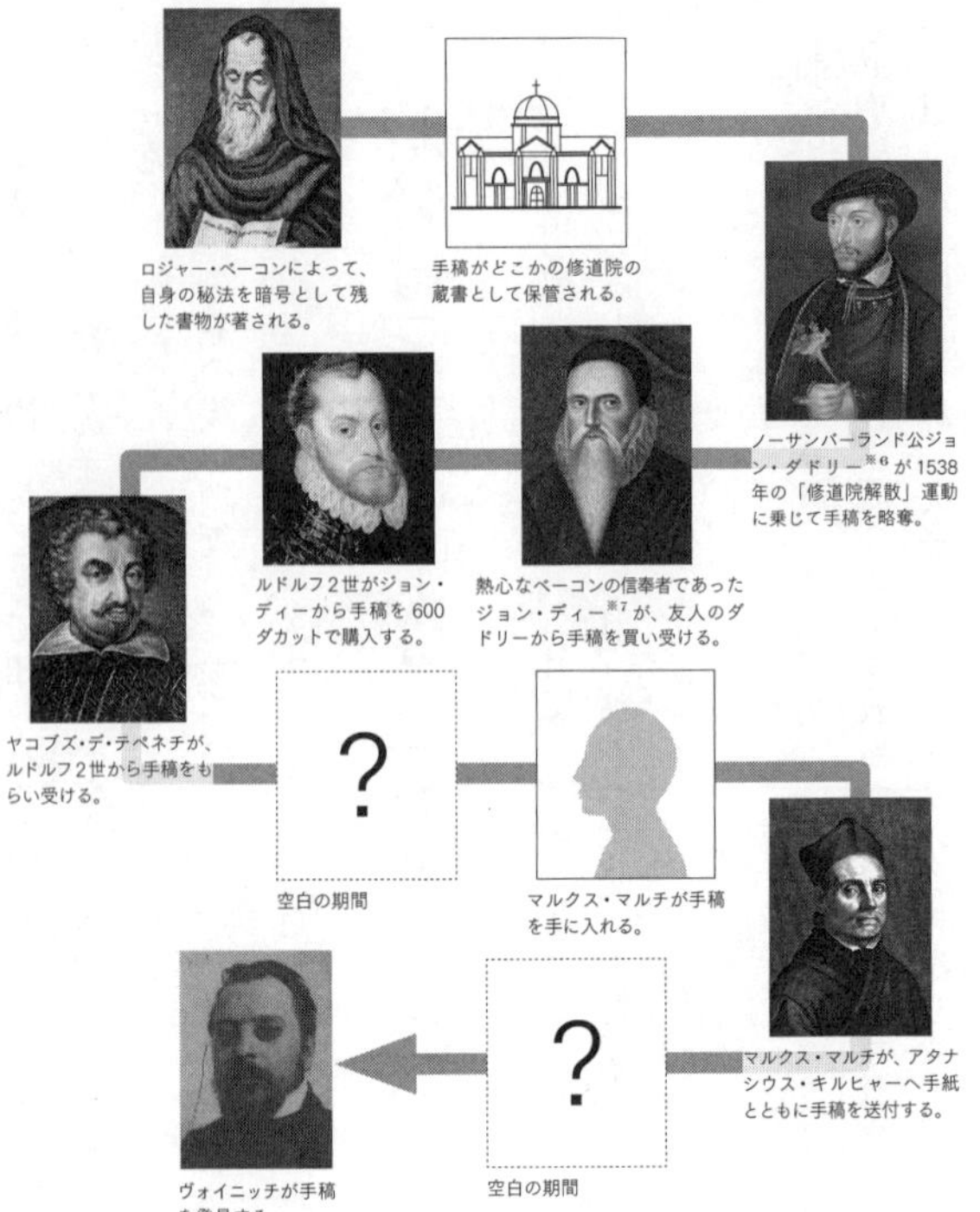

「コード」を解読するためには、単語同士の対応を網羅した「辞書」を見つけることが必要です。一方「サイファ」の場合は、文字同士の置換のための「ルール」を見つけることが求められます。

『ヴォイニッチ手稿』は、初期の頃から多くの人々が「サイファではないか」という予測を立てていました。なぜなら「コード」と呼ぶには、あまりにも単語が複雑で、習得が困難に思われたためです。

このサイファ文の解読に対して、長い間強力な手掛かりとなったのが「頻度解析」という手法です。

基本的にどのような言語でも、出現する文字の頻度に偏りが発生します。ある程度の文章量で使われる文字を数えると、欧文では「e」、和文では「い」（ローマ字表記ならa）が、最も多く使われます。それらを手掛かりにすることで、文章の一部の文字が何に置換されているのか、おおよその見当をつけることができます。

頻度解析の手法は、得られる暗号文が長ければ長いほど信頼性が高まる手法です。ヴォイニッチ手稿ほどの文章量であれば、十分に信頼できる解析が可能であると思われました。

しかしここで、過去多くの書物を解読してきた者たちに、2つの大きな壁が立ちはだかります。

❶手稿が何の言語で書かれているかが不明であること。
❷ヴォイニッチ文字における「1文字」が不明であること。

❶に関しては、錬金術師たちが書物を残す際、主に用いていたラテン語が有力とされていました。仮に違っていても、同年代に書かれている書籍などの使用言語と順に照らし合わせていけば、追い追い判明するだろうと思われました。

❷に関しては、多くの者たちが頭を悩ませました。『ヴォイニッチ手稿』は全編が流れるような筆記体で記述されているため、1文字単位に分解することが非常に困難だったのです。

アマチュア解読者の見解

アメリカの弁護士にしてアマチュア・ヴォイニッチ研究家のジェームズ・マーティン・フィーリーは、この問題を次のような方法で解決しようとしました。

『ヴォイニッチ手稿』は数多くの挿画とともにその文章が書かれていますが、フィーリーはまず、挿画に沿うように書かれた文字を「キャプション」であると予想し、それを手掛かりに文字の解読を行ったのです。

フィーリーが着目したのは、女性たちが緑色の液体に浸かっている絵（73ページ）でした。これにはかねてより、「子宮と卵巣」の暗喩であるという見解がありました。上部左右の蜂の巣のように描かれている部位が「卵巣」であると仮定し、付随するヴォイニッチ手稿の文字と「卵巣」のラテン語訳である「femminino」とを照らし合わせました。

フィーリーはこれを手掛かりにして、次は図中央の管に書かれたキャプション

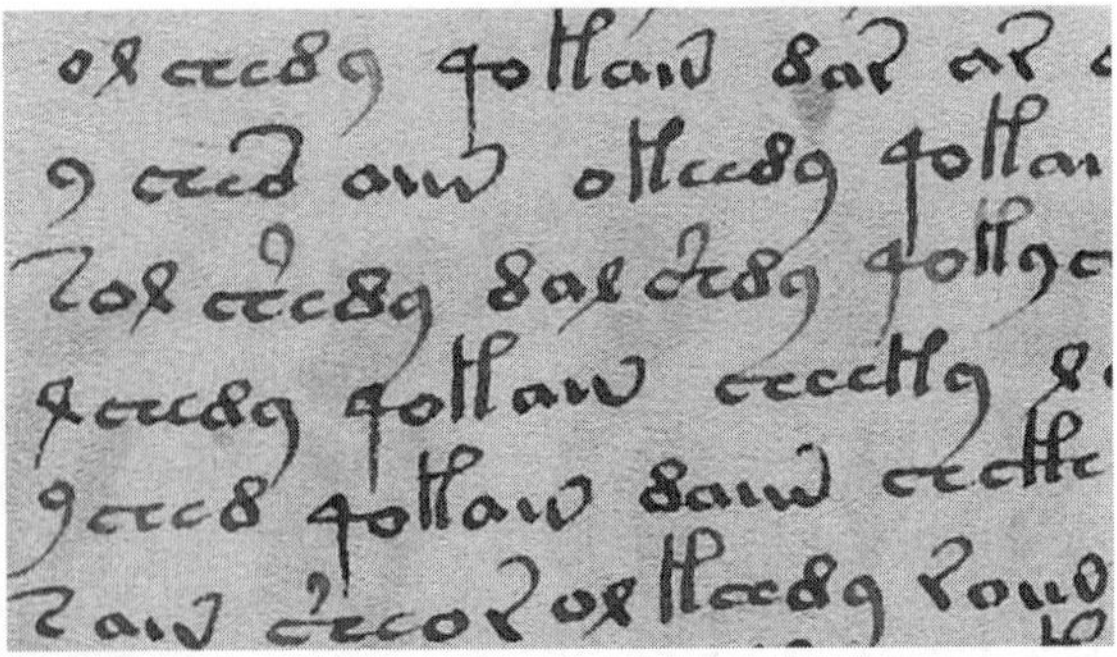

書かれた文字はたとえるなら、アルファベットの知識がまったくない人にとって、「m」と「rn」を区別することができるか、という問題に近い。

を同様の方法で解読しました。当時のラテン語表記にしばしば見られた、文字の一部を省略する記法に悩まされながらも最終的に、「それらは互いに注ぎ込まれる（ist(i)(i)nfundunt(u)r)」という解読文にたどり着いたのです。

図を表すのにふさわしい文を見つけ出したフィーリーは、本文全体の翻訳に取り掛かります。苦労の末、導き出したのは次のような文章です。

十分なる湿気。分岐す。爾後、分裂小型化す。爾後、離れたる場所にて、前嚢となる。管となり、暫時の後、反芻さる。十分

03

フィーリーの解読

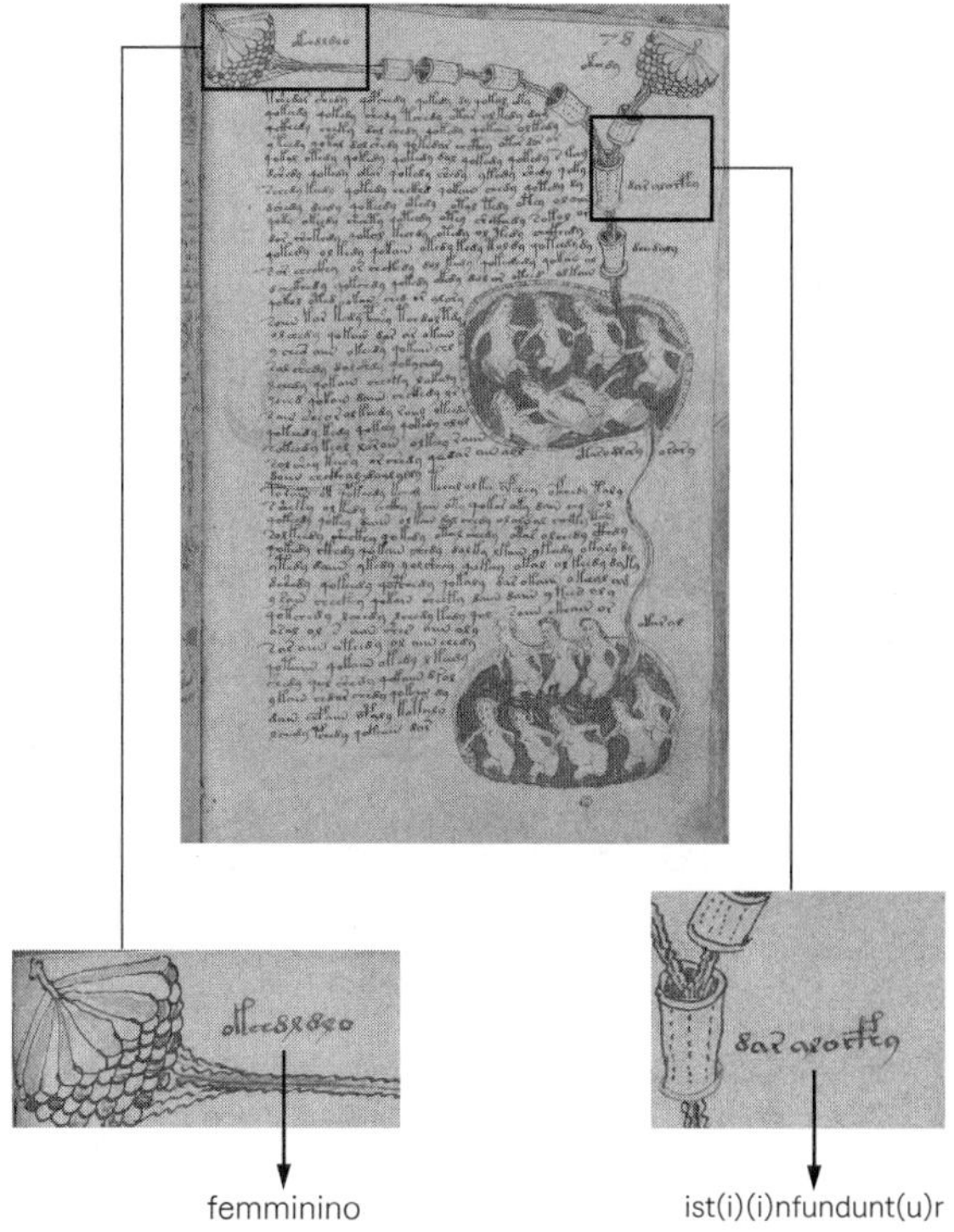

なる湿気。小脈に包まる。然る後、下に移る。小脈の突出の内に小さき乳首生ず。不透過化さる。下に投げ落とさる。反芻さる。小さき乳首にて女性化さる。偶々完全なる女性性を付与さるるべく操作さる。

『ヴォイニッチ写本の謎』(ゲリー・ケネディほか著、松田和也訳、青土社)より引用

ほかの文章も、ほぼすべて反復と単語の羅列のような文が続きます。フィーリーはこの訳文から、「手稿は筆者が残した実験ノートである」という仮説を立てました。反復と単語の羅列は、まさに目の前で起きている現象をその都度書き留めたもので、「ヴォイニッチ文字」とは、そのために筆者が開発した「速記文字」であるということです。またフィーリーは訳文を再び頻度解析にかけました。すると頻出する文字のうち上位8文字までもが、ある人物のラテン語表記と一致しました。

その人物とは、当初からこの手稿の筆者であると目された、ロジャー・ベーコン本人だったのです。この解読法を発見したフィーリーは、興奮とともに研究成果を世に発表します。

しかしここで、この手稿の持つある異常性が、この説に対して疑問を投げかけます。

それは、「全編にわたって修正の跡が見られないこと」。これは、手書きの書物にはまずありえないことです。もしこれが、ベーコンの残した実験ノートであるならば、修正の跡が一切ないというのは確かに不自然です。

また手稿は、文字の書かれ方から推測すると、挿絵を描いたのち、文章を書き入れるという段取りがとられています。つまり、挿絵が実験結果を表しているとするなら、結果が過程よりも先に描かれている、という矛盾も生じるのです。そもそも「欠損したラテン語を補いつつ訳す」というのも、恣意的な翻訳を招きがちな行為です。

このような反論もあり、「フィーリーの説は誤り」とするのが現代の解読者たちの間での結論です。

プロ解読者でさえ解読できない難問

手稿の持つ怪しい魅力に引き付けられたのは、アマチュア解読者だけではありません。ウィリアム・フレデリック・フリードマン[※8]は第二次世界大戦中に日本軍が使用した暗号、通称「紫暗号（パープル）」を解読した功績で有名な人物です。

フリードマンはかねてよりヴォイニッチ手稿の解読に興味を持っていました。自身が率いる紫暗号の解読チームで「軍の暗号解読者たちによる、時間外で非公式なクラブ」を結成し、手稿の解読に乗り出しました。なぜ非公式だったのかというと、当時は『ヴォイニッチ手稿』に向けられる関心が冷めていたためです。フリードマンが解読のために軍に予算を申請しても、「解読したところで、古い植物図鑑がひとつできるだけ」と、にべもなく却下されています。

第二次世界大戦終結とともに、クラブも自然と解散してしまいました。しかし、フリードマンは同じ暗号解読者であった妻エリザベス[※9]とともに、生涯にわたって手稿の解読に取り組みました。

03

生粋の研究者であったフリードマンは生前、自身の研究成果を「十分な証拠が揃っていない」として世に発表することはありませんでした。しかし彼は、「季刊哲学」という雑誌への寄稿文で、自身の考えを暗号学者らしくアナグラムの形で残しています。これもまた様々な人によって解読が試みられましたが、正解にたどり着いた者はいませんでした。フリードマンが亡くなった翌年、同誌にはフリードマン自身が遺した「正解」が掲載されました。それによると、

『ヴォイニッチ手稿』は、ア・プリオリなタイプの人工的もしくは普遍的言語を作成しようという初期の試みである

フリードマン

『ヴォイニッチ写本の謎』(ゲリー・ケネディほか著、松田和也訳、青土社)より改変

「ア・プリオリ言語」とは、「先験語」と訳される、いずれの言語にも基づかない構造を持つ人工言語です。

『ヴォイニッチ手稿』のなかで多く見られる言語構造は、物や概念をいくつかに

分類し、それぞれに対して何らかの記号を当てはめる方法です。つまりフリードマンは、ヴォイニッチ手稿が「サイファ」ではなく「コード」である可能性を示唆したのです。

フリードマンは『ヴォイニッチ手稿』の各単語において、接頭辞や接尾辞になりがちな文字の並びがあることに着目していました、これはア・プリオリ言語に特有の傾向です。

しかし結果的には、これ以上明確な答えを出すことなくこの世を去っています。[※10]

「偽書説」が浮上する

手稿の解読に生涯を捧げる人がいる一方で、「完全な偽書である」と断じる人もいます。多くの暗号解読者たちが血道を上げてきたにもかかわらず、依然として解読されないのは「そもそも意味のある文章ではないから」というのがその根拠です。

「偽書派」の人々がよく犯人に挙げるのが、エドワード・ケリー[※11]です。かつてジョン・ディーのお抱えであったと言われるチェコの錬金術師です。

ケリーは「交霊実験を通じて天使の言葉を聞き、錬金術の秘奥を知った」と、まことしやかに主張することでディーに取り入りました。ディーの記録によれば、ケリーは数回、卑金属を黄金に変えて見せたと言います。ディーの信頼を得たことで、ケリーの噂はルドルフ2世の耳にも入り、その庇護のもと非常に裕福な暮らしを送ることになります。しかし、その最初の数回以外、ケリーは黄金を作り出すことはできませんでした。しびれを切らしたルドルフ2世は詐欺師としてケリーを投獄し、彼は獄中で生涯を閉じることになります。

「偽書派」の見解では、ケリーは、ディーやルドルフ2世が熱心なベーコンの信奉者であったことを知っていたとしています。そして2人に取り入るためについた嘘のひとつが『ヴォイニッチ手稿』であり、まさにルドルフ2世に手稿を売りつけたのもディーではなく、ケリー本人であると言うのです。

手稿に添付された手紙によれば、ルドルフ2世が手稿に支払った金額は600ダガット、現在の日本円で数千万円の価値です。大金をせしめるためなら、手稿を書き上げる手間など安いものだったのかもしれません。

また、この説において最も有力とされているのが、2004年にゴードン・ラグ[※12]によって指摘された「カルダン・グリル」と呼ばれる道具を使った執筆方法です。カルダン・グリルとは、文字の配されたマス目の上に穴の開いた板を置き、その穴から見える文字を順次書き写します。そして板をスライドさせることで、一見ランダムな、それでいて文章らしい記号の羅列を作り出します。ラグは実際にこの手法を用いて、限りなく手稿に近い文字列のようなものを書いて見せました。また、この方法を用いれば手稿に書かれている量の文字列を3カ月ほどで作り出せると語っています。

ヴォイニッチの野心的な人物像

そして忘れてはならないのが、この手稿を発見したウィルフリド・ヴォイニッチの存在です。

そもそも、「手稿を発見した」というヴォイニッチの言は正しいのか？

一介の古物商が、一攫千金(いっかくせんきん)をさらうためにでっち上げた虚構である可能性は？

その謎に迫るために、ヴォイニッチという男の人物像や仕事ぶりを追ってみることにしましょう。

ヴォイニッチは1865年、リトアニアの多言語都市コヴノのテルシェイという町で生まれました。モスクワ大学で薬剤師の資格を得たのち、ワルシャワでポーランド民族主義運動に参加しますが、ここで当局に逮捕され2年ほど独房生活を送ります。

その後、シベリアに移送される際に隙を見て脱出。5カ月におよぶ極貧の逃亡生活の末、ロンドンへと流れ着きます。そして、のちの妻となるエセル・ブール[※13]と出会いました。

エセルの勧めで革命組織「ロシアの自由友の会」に入会し、革命に関する書籍を販売する書店の経営に携わります。その後、指導者にして友人のセルゲイ・クラフチンスキーが列車事故で死亡したことをきっかけに、革命家から身を引き、古書店業への専念を決意します。

革命家としての壮絶な半生は、商売人としての才能に欠かせない「機略」や「大胆さ」をヴォイニッチに授けました。古書、稀覯(きこう)書を文字どおり狩り集めていったのです。

その野心的な手腕がどれほどのものだったのか。同業者のジュゼッペ・オリオーリという人物は、ヴォイニッチ自身から聞いた「武勇伝」を語っています。

商売人としての抜け目ない才能

ヴォイニッチが、ある修道士たちの詰め所に立ち寄った際のことです。

詰め所の書庫に収められていた膨大な書物は、希少な写本、彩色写本、揺籃(ようらん)期

ヴォイニッチの作業風景。自身による手稿の自作自演の可能性を疑われ、偽書説が浮上する。

本など、どれもきわめて高価なものばかりでした。興奮とめまいをこらえながらも、ヴォイニッチは言いました。

「何ですか、この古臭い本は。こんなカビの生えた紙切れは、このように立派な場所にはふさわしくありません。まとめて売り払って、現代神学の最高の文献コレクションと入れ替えてはいかがですか」

このような口八丁で、膨大な量の稀覯書と、二束三文のありふれた本とを交換することに成功したのです。[※14]

本人曰く、こうした強引な手段で狩り集めてきた古書のなかに、その

「手稿」はあったのだと言います。

このようにヴォイニッチの人となりを見ていくと、手稿は、自ら大金をせしめるためにでっち上げたものではないか、と疑わずにはいられません。

じつは、ヴォイニッチが手稿の発見を公表するタイミングと、手稿の来歴を証明しているとする「羊皮紙の手紙」(64ページ参照)の発見を公表するタイミングには、大きなずれがあるのです。

ヴォイニッチが手紙を「手稿に添付されていた」として発表したのは、手稿の発見を公表してから10年も経ってからです。公表が遅れた理由については「とるに足らないものとして放置していた」としています。しかし、「作者＝ベーコン説」の根幹をなす資料を「とるに足らないもの」とするのはいかにも不自然です。

こうした背景も踏まえて手紙を読み直すと、違和感を覚える箇所が散見されます。

マルクス・マルチは手紙のなかで「この謎めいた書物」と述べるのみで、具体的な内容に踏み込んでいません。つまり、「ベーコンの著作と思われる、謎めいた書物」であれば、どのような本にも当てはまるのです。また、手稿を受け取ったはずのキルヒャー側の著作には、『ヴォイニッチ手稿』を想起させるような記述は一切登場しません。しかもキルヒャーの蔵書目録にも、手稿は記されていないのです。

以上の事実を総合すると、『ヴォイニッチ手稿』は、ヴォイニッチ自身による自作自演の疑いが非常に高まります。こうして、ゴードン・ラグが発表した偽造手法ともあいまって、「ヴォイニッチ手稿＝偽作」説は有力視されました。一時期は支配的な説となったのです。

インターネットの登場で、誰もが解析可能になった

ところが2000年代末、「偽書説」は、思わぬところから反論を受けます。情報科学が発達したことで、ヴォイニッチ手稿をテキストデータ化し、各種の解

析にかけようとする人々が現れたのです。

『ヴォイニッチ手稿』をデータ化しようという試みは、じつはフリードマンがすでに行っていましたが、不運が重なり未達のままでした。

現在、有志らによってテキストデータ化された手稿は、インターネット上で誰でも閲覧できます。その結果、多くの情報科学者、計算機科学者たちによって様々な解析にかけられることになったのです。

そして『ヴォイニッチ手稿』は、でたらめに作られたとは思えないほどエントロピー[※15]が低いことが判明しました。これは「ヴォイニッチ手稿は、少なくともラテン語と同程度の文法構造を持っている」ということを意味しています。

物理的な側面からこの手稿の真偽を確かめようという動きもあります。

2011年、アリゾナ大学の研究グループは、ヴォイニッチ手稿の書かれた年代を特定するため、手稿本体を炭素年代測定[※16]にかけました。その結果、手稿はウィルフリド・ヴォイニッチどころかジョン・ディーの生きた年代よりも古い、15世紀頃に作られたものであることが判明したのです。科学的な解析によって、ラグの「カルダン・グリル説」や、「偽書説」の信憑性は弱まりました。
謎は、振り出しに戻ったのです。

まだまだある手稿の仮説

ここまで一部の説だけ紹介しましたが、ほかにも手稿に関する考察は数多くの人物によって行われてきました。簡単に一例を挙げます。

●レオナルド・ダ・ヴィンチの幼少期の練習帳説
独特の文字は、ダ・ヴィンチに特有の「左手で書いた鏡文字」の特徴と一致するうえ、差し挟まれた絵のそこここに「VINCI」の文字が見られるという説による。

●キリスト教異端宗派「カタリ派」の書物であるとする説
かつて十字軍によって弾圧された、キリスト教の異端宗派「カタリ派」の秘儀

レオナルド・ダ・ヴィンチの幼少期の練習帳説

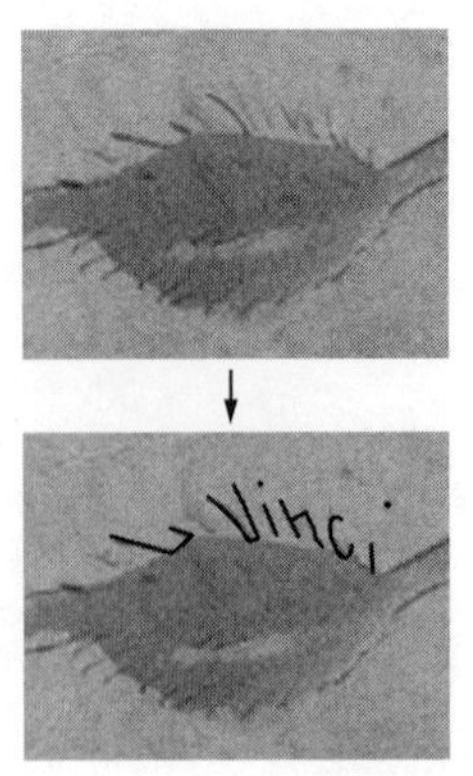

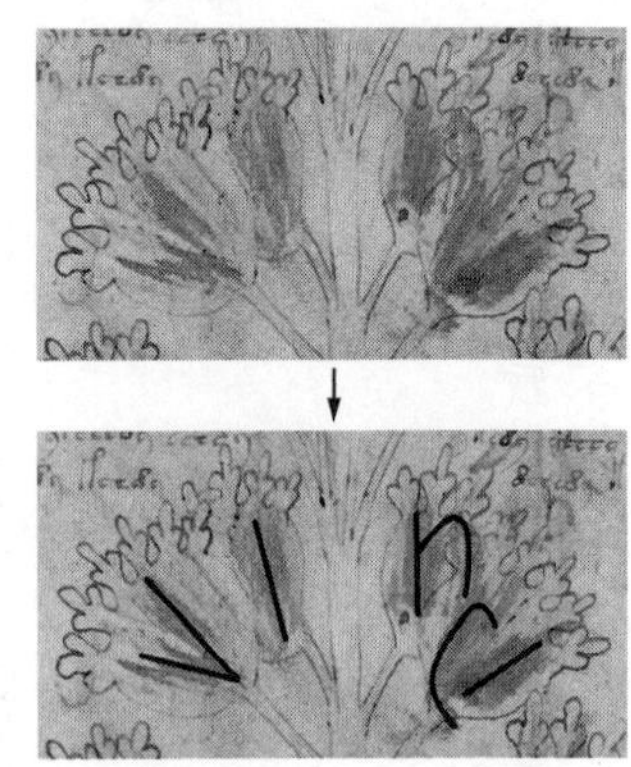

について書かれたものであるとする説。迫害を避けるために何重にも暗号化を施し、異端の儀式「コンソラメントゥム」の方法をのちの世に伝えるものとする説。

●古い医学書をまとめた写本説

『ヴォイニッチ手稿』の挿絵と、古代ギリシャや13世紀の医学書に書かれた挿絵が酷似しているという点から、医師が自分用に知見をまとめるために残した写本であるという説。裸の女性が緑の液体に浸かる様子は、薬湯の効能を示す図であるとする。

＊

——この手稿が、これほどまでに多くの人を魅了する理由は何なのでしょう。

生涯を暗号解読に捧げたフリードマンは生前、「なぜそこまで『ヴォイニッチ手稿』にこだわるのか」という質問に対し、端的に答えています。

「まだ誰も読んだことがないからです」

『ヴォイニッチ手稿』が最も魅力的で神秘性を帯びている時代、人々の知的好奇心が最高潮に達している時代——。それは、手稿が「偽書か」「本物か」の間で揺れ動くまさに「今」このときなのかもしれません。つまり、解読されてしまった瞬間に「古い植物図鑑」に変わってしまう恐れもあるのです。

フリードマンが科学研究費の審査官から受けた指摘は、この書物の〝本質〟をずばり言い当てているのかもしれません。

脚注

［62ページ出典］『カイエ：１９５７－１９７２』（シオラン著、金井裕訳、法政大学出版局）

※１　Wilfrid Michael Voynich（１８６５年10月31日～１９３０年３月19日）。ポーランドの革命家。イギリスとアメリカでは古物商。

※２　Athanasius Kircher（１６０１年５月２日～１６８０年11月27日）。学者、イエズス会士。

※３　Rudolf II（１５５２年７月18日～１６１２年１月20日）。神聖ローマ帝国の皇帝。ハンガリー王、ボヘミア王（在１５７６年～１６１２年）。

※４　Roger Bacon（1219年頃～1292年頃）。ベーコンは自身の哲学、研究成果を記した書物において、後世において顕微鏡、望遠鏡、飛行機や蒸気船が発明されることを予想していたことでも知られている。

※５　Jacobus Sinapius（１５７５年～１６２２年）。錬金術師、薬剤師、医師。のちにテペネチ（Tepence）を名乗る。

※６　John Dudley（１５０２年頃～１５５３年）。イングランドの政治家、廷臣、軍人、貴族。

※７　John Dee（１５２７年７月13日～１６０８年12月）。イギリスの錬金術師、占星術師、数学者。

※８　William Frederick Friedman（１８９１年９月24日～１９６９年11月12日）。アメリカ陸軍の暗号学者。

※９　Elizebeth Smith Friedman（１８９２年８月26日～１９８０年10月31日）。アメリカ初の女性暗号解読者。

※10 ア・プリオリ言語は、既存の言語のいずれとも符合しないため、作者が定めた分類表がなければ解読は非常に困難となる。

※11 Edward Kelley（1555年8月11日～1597年11月1日）。

※12 Gordon Rugg（1955年～）。イギリスの学者。

※13 Ethel Lilian Voynich（1864年5月11日～1960年7月27日）。アイルランド生まれの小説家。旧姓はブール（Boole）。

※14 これは、特にうまみの大きかったエピソードだが、ほかの取引においても推して知るべしである。

※15 熱力学、統計力学双方において用いられる概念。この場合においては「情報の複雑さ」を意味する。つまり「エントロピーが低いほど、その文章は何らかの文法構造を持っている可能性が高い」という程度に捉えて差し支えない。

※16 有機物に含まれる、特定の炭素原子の量を測ることで、そのものの作られた年代を特定する手法。

野球と其害毒

明治の偉人たちが吠える
「最近の若者けしからん論」

新渡戸稲造 ほか

04

如何に高尚なる徳でも、
その反面があり偽物がある。
吾人は各個の徳において
それぞれの積極的美点を認め、
その積極的理想を
追求しなければならない。

教育者
新渡戸稲造
〔1862－1933〕

04

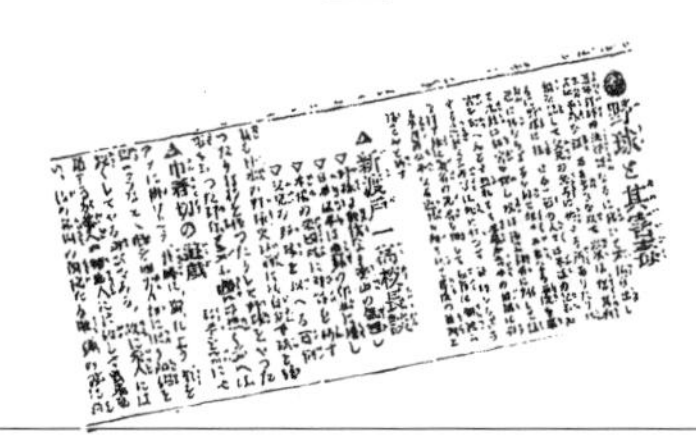
●野球と其害毒

△新渡戸一高校長談

△巾着切の遊戯

『野球と其害毒』は、1911年8月29日から9月19日まで、「東京朝日新聞」[※1]紙上で全22回にわたって掲載された連載コラムです。

連載の趣旨は、そのタイトルが示すとおりです。アメリカよりもたらされ、日本で熱狂的ブームとなっていた「野球」に対する批判をまとめたものです。連載の第1回目には、『武士道』の作者で、当時の第一高等学校[※2]校長、〝5000円札だった人〟こと新渡戸稲造[※3]を迎えたことで、巷間（こうかん）に大きな論争を巻き起こしました。

各界の知識人たちがこぞって「野球批判」

新渡戸のほかにも、旧陸軍大将にして当時の学習院長の乃木希典[※4]や、東京大学医科整形医局長の金子魁一[※5]など、錚々(そうそう)たる顔ぶれです。

彼らはいずれも、昨今若人(わこうど)たちが熱狂する「野球」なる遊戯が、社会や若者にとっていかに悪影響となりうるかをそれぞれの立場から論じています。各回の小見出しだけをかいつまんでみても、

「巾着切り(スリ、泥棒)の遊戯」第一高校校長　新渡戸稲造
「野球の弊害四ヶ条」府立第一中学校校長　川田正澂(まさずみ)
「全校生の学力減退」攻玉社講師　広田金吾
「弊害百出」山梨県都留中学校校長　寺尾熊三
「徴兵に合格せぬ」順天中学校校長　松見文平
「選手悉(ことごと)く不良少年」曹洞宗第一中学校校長　田中道光

▲新渡戸一高校長談
▽野球は賤技なり剛勇の氣無し
▽日本選手は運動の作法に暗し
▽本場の米國既に弊害を嘆ず
▽父兄の野球を厭へる實例

私も日本の野球史以前には自分で球を縫つたり打棒を作つたりして野球をやつた事もあつた野球と云ふ遊戯は惡く云へば

▲巾着切の遊戯　對手を常にペテンに掛けよう、計略に陥れよう、壘を盗まうなど、眼を四方八面に配り神經を鋭くしてやる遊びである、故に米人には適するが英人や獨逸人には決して出來ない、彼の英國の國技たる蹴球の樣に鼻が曲つても顋骨が歪むでも球に噛付いて居る樣な勇剛な遊びは米人には出來ぬ、一體日本の野球選手は作法を知らぬ、昨年早稲田であつたかと思ふが輕井澤で外人と試合をして審判上の紛擾から虛言家と或る一選手が云つた、すると外人は非常に怒つて虛言家とは何事であると其儘試合は中止になつた、米國では虛言家と云はるゝ事は泥棒と云はるゝと同じであるのだ

●野球と其害毒(二)
▲川田府立第一中學校長談

●野球と其害毒(五)
攻玉社塾師　廣田金吾氏

●野球と其害毒(九)
▲根本的に野球を排す
▽松見順天中學校長談

●野球と其害毒(十八)
▲必要ならざる運動
▽學習院長　乃木希典氏談

『野球と其害毒』の一部。
(東京朝日新聞、1911年8月29日、30日、9月2日、6日、15日)

「必要ならざる運動」学習院長　乃木希典

このように、非常に強い言葉で批判を浴びせています。何より連載第1回目の新渡戸稲造の談話は世間に大きな波紋を起こしました。というのも当時、新渡戸が校長を務める第一高等学校は、自校内に野球部を持つうえ、早稲田、慶応と並ぶ強豪校として名高かったからです。

この話題は東京朝日新聞だけにとどまらず、東京日日新聞社[※6]を筆頭とする「野球擁護論者」たちとともに、大きな論争を巻き起こしました。

では、それぞれの展開する「野球害毒論」を順に見ていきましょう。

教育上、発育上、よろしくない

まずは新渡戸稲造の談話からです。新渡戸が展開した野球批判はおおよそ次のようなものでした。

- 野球は賤技（せんぎ）なり剛勇の気なし。
- 相手を常にペテンにかけよう、計略に陥れよう、塁（ベース）を盗もうなど、眼を四方八面に配り神経を鋭くしてやる遊びである。
- ゆえに米人には適するが英人やドイツ人には決して出来ない。
- 英国の国技たる蹴球（フットボール）[※7]のように鼻が曲がっても顎骨が歪んでもボールに噛（かじ）り付いているような勇剛な遊びは米人には出来ない。

●日本の野球選手は礼儀を知らない。過日の軽井沢で行われた外国人との試合において不調法な野次を飛ばして試合が中止になったという。
●海外では「スポーツマンライク」と言って非常に礼儀正しいことであるが、これを日本語に訳して「運動家らしい」と言うとなんというか礼儀も知らぬ破落漢（ごろつき）の様に聞こえるのも日本の運動家の品性下劣から来ている。

野球批判をしたいのか、お国批判をしたいのかよく分からない内容です。

ちなみに「外国人に野次を飛ばして怒らせた」というのは、まったく逆の構図で、向こうから野次を飛ばしてきたのだ、と当時試合に参加した選手から反論が上がりました。「野球の弊害四ヶ条」と題して、府立第一中学校長の川田正澂が述べたのは次のような論です。

●第1に学生の大切な時間を浪費させる。
●第2に疲労の結果勉強を怠る。
●第3に慰労会などの名目で牛肉屋、西洋料理店などに上がって堕落の方へと近づいて行く。

●第4に体育としても野球は不完全なもので、主に右手で球を投げ、右手に力を入れて球を打つがゆえに右手ばかりが発達してしまう。

そして数ある野球害毒論のなかでも、ひときわ強い語調で野球を批判しているのが、順天中学校長の松見文平[※8]です。

●野球の問題を訴える人々は、野球に一分の利がありつつも害の方が多いという論調のようだが私は根本から野球其物を攻撃したい。

●野球は成長期にやらせると、学生の体格を目茶目茶に壊してしまう、学生の運動としては最も悪いものだ。

●野球選手が勉強ができないというのは熱中のあまり勉学を怠るためと言われているがそうではなく、掌へ強い振動を受けるためにその振動が腕から脳に伝わって脳の作用を遅鈍にする。

●また野球をやりすぎれば、右手右肩だけが発達し、指は曲がったり根元ばかりが太くなり指を併せることができなくなり、結果的には徴兵に合格しなくなってしまう。

掌に振動を受けると脳に悪影響が出る、というのはなかなかに突飛な理論です。また、「徴兵に合格できない」ということが当時の人々にとってどれほど大きな影響をもたらしたかは、現代の視点からは想像しがたいものです。たとえば、戦後最大の大量殺人事件とされる「津山（つやま）三十人殺し」の犯人の動機のひとつは、「丙種合格[※9]を理由に周囲から距離を置かれたため」であると言われています。

元選手までもが批判した？

野球の弊害を訴えたのは教育者だけではありません。9月5日、「旧選手の懺悔」という表題で野球を糾弾したのは、河野安通志[※10]という人物です。かつて早稲田大学で剛腕を振るい、早慶戦第1試合から中止となる第9試合までを先発で完投した名選手でした。

河野の発言の要旨は次のとおりです。

- 選手が練習のために学業をなまけ落第する。
- 私も早稲田などに入らず商業高校にでも入っていればよかった。
- 日本野球の悪習として、選手が華美な服を好むというものがある。
- 海外遠征などでアメリカにかぶれ、向こうの妙な格好を日本に伝播(でんぱ)してしまったことは懺悔せずにはいられない。
- 試合において入場料を取るなどという行為は中止すべきと思う。

かつてのスター選手が語った「懺悔」に、世間は大きく動揺しました。

ところが、この意見に異議を唱える1人の男が現れました。それは河野安通志、本人だったのです。「旧選手の懺悔」から3日後の9月8日、東京日日新聞に「野球に対する余の意見」という記事が掲載されます。そのなかで河野は、怒りとともにおおよそ次のように述べました。

●東京朝日新聞に掲載された自分の「懺悔」は事実ではない。
●自分が記者の名倉聞一にインタビューを受けたが、掲載されたようなことは一切言っていない。
●選手の服が華美というのはたしかにそう思わなくもない。
●しかし、入場料については当然の措置だ。きょうび演奏会も演説会も入場料を取る。
●これは名誉の問題であり、以上の文を「野球と其害毒」と同ページ、同サイズの活字で8日までに掲載してほしい。されない場合は即刻法的な手続きに出る。

●野球と其害毒（八）
△舊選手の懺悔
▽河野安通志氏談
君は人も知る早稲田舊野球選手にして目下同校講師たり其懺悔談に曰く
△後悔して居る　私は野球其者は大に好運動だと思つて居る若し御社の

「旧選手の懺悔」の一部。
（東京朝日新聞、1911年9月5日付）

河野の抗議を受けた東京朝日新聞は、その2日後の9月10日、紙上に河野の「反論文」を掲載しました。

河野氏左の一文を寄す、記者は同氏の談話に就ては面倒の生じ得べき事を豫想し前以て十分の注意を拂ひたるに此の書は前話と相違の點あるを以て更に氏を訪ひて其理由を訊したるに氏曰く「私の談話が御紙に出ると直ぐ安部磯雄先生が飛んで來られました私は早稲田の野球とは今以て深い關係があり友人等と約束した事もあり家の者も色々云つて私の立場は大變苦しいんですから御氣の毒でも拙文を載せて下さい」とのことと依て氏の請を容れ掲載することゝせり

野球に對する余の意見

早稲田大學講師　河野安通志

九月五日朝日新聞に舊選手の懺悔として小生がさも野球をなせし事を後悔し居る如く書きしもこは大體に於て小生が記者に對して云ひたる事と相違し居るを以て茲に再び余が記者に語りし野球に對する余の意見を發表する事とせり

▲余は後悔などせず却つて感謝し居るなり　記者が「足下などはボールの爲めに早稲田に入らず高等商業に入つたらば今頃はもつと幸福でしたらうね」と云ふに對し余は左の如く答へたり「いや無論人間の幸不幸は六ケ敷き問題で或は御説の通りかも知れん思ひ樣によつてはさう思へぬでもないが自分は早大に入つた事を今日では感謝して居る第一に早大に入つたが爲安部磯雄先生の如き偉大なる人物にも接する事が出來たし又比較的新思想も抱く事が出來た、又高商に入れば自分の好きな野球がないから別に運動もせずニヤクスクで身體の弱い始末に終へぬ人間になつたかも知れん」即ち余は事實右の如く答へ且つ眞に右の如く思ひ居るなれば野球をやりたる事も早大に入りたる事も共に感謝こそすれ後悔などは更にせず

河野の反論文「野球に対する余の意見」を掲載した東京朝日新聞。
（1911年9月10日付）

本人の希望どおり、同ページ、同サイズの活字での掲載ですが、せめてもの反抗か、他の記事と比べて行間が狭く、ルビ（ふりがな）もなく若干読みづらい構成になっています。また「反論文」の前置きには、記者による1文も載せられています。そこには、「河野氏曰く、いろいろなしがらみがあってああ言わざるを得なかった。申し訳ないがこの文章を載せてくれと頼みこまれたので載せる」という、新聞社側の言い訳めいた内容が記されています。

ちなみに河野は、のちに日就社（現在の読売新聞）の主催した「野球問題演説会」にて、「我が腕を見よ」と言い、野球による発育弊害論への反論を自身の腕で証明しています。どちらの新聞が嘘を言っているのかは、現代では分かりかねます。しかし、河野はのちに日本初のプロ野球リーグを創設するメンバーになるこ

とから、少なくとも野球選手であったことに後悔はしていないと推察します。

害毒論が生まれた、よんどころない理由

『野球と其害毒』は、今日（こんにち）の野球を基準としてみればあまりにも強引な批判と言えます。しかし、当時の「野球」というスポーツが置かれた状況を鑑みると、たしかに「害毒論」が生まれる下地はありました。

日本に野球が伝わったのは、1872年、来日した米国人ホーレス・ウィルソン[※11]が当時の第一大学区第一番中学[※12]で教えたことがきっかけとされています。その後、「打球おにごっこ」という名で全国的に広まりました。

ちなみに現在の「野球」という名称は、第一高等学校野球部員の中馬庚[※13]が部誌のなかで用いたのが始まりとされています。[※14]

第一高等学校野球部は、国内における野球発祥の場所というだけあり、各大学

の追随を許さない強さを誇っていました。

しかし無敵の牙城を崩したのが、早稲田大学、慶応大学の2校です。1904年に早稲田大学が第一高等学校を破ると、早慶戦の時代へと突入します。

早稲田大学教授の安部磯雄(いそお)が率いる早稲田大学野球部は、アメリカへ遠征を行いました。バントやスライディング、ワインドアップ投法など、これまで見たことのない本場の技術を日本に持ち込んだことで、大学野球のレベルは飛躍的に向上したのです。球場を駆け回る選手たちに、観客も夢中になりました。[※15]

また、安部が持ち帰ったのは野球の技術だけにとどまりませんでした。「本場の応援法」は、各校ごとに応援団を結成し、カレッジソングを熱唱。カレッジフラッグを振り回し、時には相手チームに野次を浴びせるというものです。これは、瞬く間に各大学に広がりました。そして、重要な試合の前には相手校へ脅迫まがいの不審電話まで相次いだのです。応援のしかたが明らかに異常な方向へエスカレートしていったことで、早慶戦が「状況不穏のため」という理由で無期限休止となることもありました。

また、有力チームの選手たちにファンがつき、さらには追いかける人も現れるなど、さながら人気アイドルのような様相を呈し始めます。

そして選手のなかには、海外で半端に覚えた嚙み煙草を口に含み、茶色い唾を吐く者。試合に勝てば、チームのファンたちの金で飲み屋を渡り歩く者などが現れました。野球を取り巻く状況に、当時の父兄らが眉をひそめたのも十分うなずけます。

「さわやか」なイメージは、害毒論のおかげか？

そんななか、当時国内唯一の全国紙であった東京朝日新聞社は、大阪で急激に発行部数を増やす新聞社がついに東京へ進出するという噂を耳にします。そして1911年、大阪毎日新聞は東京日日新聞を買収し、国内2番目の全国紙へと躍り出ます。

ちなみに、東京朝日新聞が「野球と其害毒」を連載したのは、東京日日新聞の買収と同じ年です。これは、大阪の脅威に対抗するために、当時良くも悪くも衆目を集めていた「野球」を記事として利用したのではないか、という見方もあります。

しかし、すでに圧倒的な人気を誇る野球の批判記事を好んで読もうという人は少なく、「野球擁護論者」たちに完全にやり込められてしまう形となりました。一方、大阪に拠点を置く大阪朝日新聞は、東京での連載終了後に、野球の好意的な記事を徐々に増やしていきました。そして4年後の1915年、「国内野球を正しい方向へ導くため」として、全国中等学校優勝野球大会[※16]を主催するに至ったのです。

当時の大阪朝日新聞社説には次のようにあります。

攻防の備え整然として、一糸乱れず、腕力脚力の全運動に加うるに、作戦計画に知能を絞り、間一髪の機知を要すると共に、最も慎重なる警戒を要し、しかも加うるに協力的努力を養わしむるものは、吾人ベースボール競技をもってその最なるものと為す

大阪朝日新聞(1915年8月18日付)より引用

――以上が、「野球と其害毒」に関する紹介です。

＊

理性や感情が入り乱れる野球批判の論調を見ると、2000年代に話題となった「ゲーム脳」[※17]などといった各種「害毒論」が思い出されます。

野球にしろ、ゲームにしろ、世の中に突然現れたものは、人々への影響力が強ければ強いほど「善い・悪い」だけでなく、「快・不快」の議論にも晒されるものです。

「良い影響を与えるかどうか」だけでなく、「私が気に入るか」という基準は、世の中では個人の判断軸として必ず存在します。しかし一方で、善悪の基準を掘り下げてみると、根っこにあったのは「快・不快」の話だったということはよくあり、そこがまた面白いところでもあります。

現在の高校野球にある「さわやかな」イメージも、もとをたどれば「害毒論」に対するアンチテーゼとして大阪朝日新聞が作り上げたものです。そう考えれば、そもそも「害毒論」がなければ、現在の野球はもっとアングラな雰囲気のスポーツになっていたかもしれません。

対論が存在するというのは、その題材をさらなる高みへ導くための大切な要素であると言えるでしょう。

脚注

[94ページ出典]『武士道』(新渡戸稲造著、矢内原忠雄訳、岩波文庫)

※1 現在の朝日新聞。

※2 現在の東京大学教養学部。

※3 にとべ いなぞう(1862年9月1日〜1933年10月15日)。日本の教育者・思想家。農業経済学・農学の研究も行った。

※4 のぎ まれすけ(1849年11月11日〜1912年9月13日)。日本の陸軍大将。教育者。

※5 かねこ かいいち(1883年2月5日〜1953年8月19日)。日本の整形外科学者。東京女子医学専門学校(現東京女子医科大学)教授。

※6 現在の毎日新聞。

※7　ここではラグビーを指す。

※8　まつみ ぶんぺい（1861年7月15日～1943年3月29日）。

※9　甲種、乙種合格が入営の基準となり、丙種は国民兵役であった。

※10　こうの あつし（1884年3月11日～1946年1月12日）。アマチュア野球選手（投手）。日本初のプロ野球チーム創設者。

※11　Horace Wilson（1843年2月10日～1927年3月4日）。

※12　東京大学の前身のひとつ。

※13　ちゅうまん かなえ／ちゅうま かのえ（1870年3月10日～1932年3月21日）。日本の教育者、元野球選手。

※14　正岡子規が幼名の「升（のぼる）」をもじって、雅号として用いた「野球（のぼーる）」とした説もあるが、いわゆるベースボールとの関連はない。

※15　ピッチャーが投球前に、ボールを持った両手を頭上まで振りかぶること。

※16　現在の全国高等学校野球選手権大会。

※17　テレビゲーム、パソコン、携帯電話などの電子機器を操作すると、人間の脳に悪影響をおよぼすとする説。現在は、様々な分野から否定されている。

穏健なる提案

ジョナサン・スウィフト著

A MODEST PROPOSAL

妖精の国に突き付けられた、
不穏な国家再建案

05

冗談を
商売にして居る者の冗談は
普通の談話と
区別することが出来ない。

小説家
夏目漱石
〔1867－1916〕

05

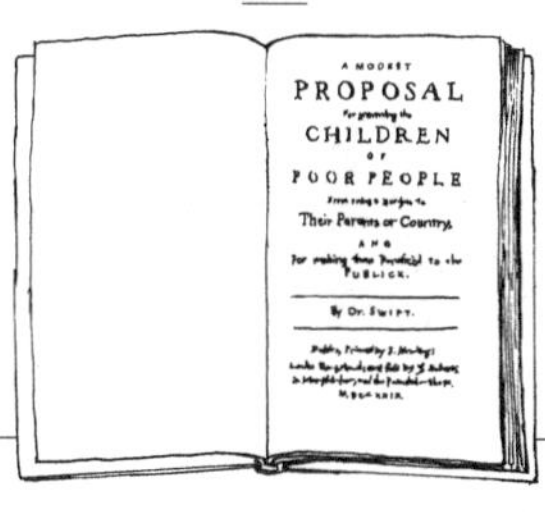

『穏健なる提案』とは、正式名称を「アイルランドの貧民の子どもたちが両親および国の負担となることを防ぎ、国家社会の有益なる存在たらしめるための穏健なる提案」という、1729年に発売されたジョナサン・スウィフト[※1]による論文です。彼は『ガリバー旅行記』をはじめとする冒険小説の作者として有名ですが、政治風刺作家としても活動し、数多くの政治的な論文を載せたパンフレットを発表していました。『穏健なる提案』もまたその風刺論文のひとつであり、故郷アイルランドが抱えた貧困問題に対して一石を投じるべく、書き上げたものです。

「提案」にいたるアイルランドの事情

『穏健なる提案』は正式なタイトルのとおり、貧困にあえぐアイルランドの子どもたちの経済的な利用に関する提案です。本論文が発表された1729年当時のアイルランドは、12世紀にヘンリー2世[※2]による侵攻を受けて以来、イギリスによる植民地支配下に置かれていました。ケルト時代[※3]から脈々と続いていたアイルランド土着の豪農たちも、16、17世紀にかけての大規模植民地政策によって次々と滅ぼされ、アイルランドの土地はイギリス本島にいながら税収だけを吸い上げる不在地主らによって支配されるという状況が続いていたのです。

イギリスへの不満をつのらせていたアイルランド国民は、1642年にイギリス本国で起こった清教徒革命[※4]に乗じて「カソリック同盟」を締結、各地で反乱を起こします。しかし革命によってイギリス王制が打倒されたあとは、その革命の立役者としてイギリスの支配者となった護国卿[※5]オリバー・クロムウェルによって鎮圧されることになりました。

敬虔な清教徒であるクロムウェルにとって、カソリックの国であるアイルランド国民はほぼすべてが異教徒です。クロムウェルの指揮する軍隊は、女性や子どもなど関係なくアイルランドを蹂躙していきました。

「鎮圧」の名の下に行われた大虐殺により、当時のアイルランド国民の少なくとも3分の1が殺害されるか、国外へと逃亡。また戦後に蔓延した疫病によって、死者はさらに増加しました。こうして、アイルランドはイギリスへの強烈な恐怖の念を植え付けられ、主従関係はより強固なものとなっていったのです。

ジョナサン・スウィフト

作者であるジョナサン・スウィフトは、1667年、アイルランドの首都ダブリンに生を享けました。15歳でダブリン大学の学士号を取得するも、清教徒革命後の混乱を避けるためイギリスからの移民であった父親とともにイギリス本島へと移住します。身内の紹介で外交官ウィリアム・テンプル[※6]の秘書の職に就くと、たちまちその筆力を買われ、最終的には国王に紹介されるほどの信頼を勝ち得ます。

イギリスでの生活のなかでスウィフトは、自身の文章によって政治的な影響力を行使できることに気がつきます。執筆した作品は政治的なメタファーを多く含み、読者のなかに政治への関心を呼び覚ましました。

1710年、当時与党となったトーリー党に政治パンフレットの編集者として採用されると、自身も多くの政治的な意見記事を執筆しました。その後、政局に敗れたトーリー政権が凋落(ちょうらく)すると、スウィフトは職を追われアイルランドへ帰国します。そして故郷であるアイルランドの窮状を目にし、培った政治的な執筆能力を母国救済のために振るうことを決心するのです。

これは本当に穏健なる提案か？

『穏健なる提案』は、スウィフトが数多く手がけた政治パンフレットのなかでも異彩を放つもののひとつで、その要旨は次のとおりです。

- 現在アイルランドでは、貧困層において毎年12万人の子どもが生まれている。
- 貧困層において、この子どもたちが、働けるようになるまで育成することは困難である。
- そのため両親による子殺しや堕胎が後を絶たない。
- 子どもとその両親をこの残酷な状況から救済するため、「満1歳になった赤ん坊を富裕層の食糧として高額で販売する」ことを提案する。

> A MODEST
> PROPOSAL
> For preventing the
> CHILDREN
> OF
> POOR PEOPLE
> From being a Burthen to
> Their Parents or Country,
> AND
> For making them Beneficial to the
> PUBLICK.
>
> By Dr. SWIFT.
>
> *Dublin*, Printed by *S. Harding*:
> *London*, Re-printed; and sold by *J. Roberts*
> in *Warwick-lane*, and the Pamphlet-Shops,
> M.DCC.XXIX.

『穏健なる提案』の表題ページ。

人身売買すら忌避する現在の倫理観からすれば、途方もない話です。スウィフトは本論文のなかで、

子どもを育てても売り物になるのは12歳からで、

それ以下では買い手がつかず、仕事をさせようにも6歳に満たなければ畑を耕すこともできない。この年齢に達するまで育てるには国家の負担になるしかない。

と語っています。よって、乳離れをする1歳になったところで食糧としてしまうのが最も効率が良い、という主旨なのです。ここまで読んだ時点でも、私たちにとっては倫理的な警鐘や本能によって、検討すら拒みたくなる案です。しかしそんな気持ちをよそに、スウィフトはあくまで冷静に次のように続けます。

- 1歳の子どもであれば、体重は概ね28ポンドまで育ち、食糧として十分に価値が出る。
- 貧困層の子どもを育てるために必要な費用は、衣食合わせて年に2シリングである。
- 富裕層はよく太った赤ん坊1人に10シリングは支払うだろう。
- これにより貧困層へ金が回るとともに、国内産業は発展する。

もちろん、こんなことを続けていればアイルランド国民はやがていなくなってしまうでしょう。しかしスウィフトは、子どもは2万人程度残しておけば、「生産」に支障は出ないだろうと述べています。しかも男子は女子に対して4分の1程度でいいとのことです。

カソリックとプロテスタントの対立

また、当時アイルランドにあった宗教的な分断も、『穏健なる提案』に影響を与えています。

アイルランドは5世紀頃の聖パトリック[※7]によるキリスト教布教以降、「聖人と学者の国」と呼ばれるほどに敬虔なカソリックの国として知られていました。

ところが宗教改革以降、実質的にアイルランドを支配していたイギリスの国教がプロテスタントになると、アイルランドのカソリック教徒たちへの弾圧が激しくなりました。クロムウェルによる征服後には、配下の将校たちによる土地の収奪に加えて、アイルランドのカソリック教徒は土地の所有や公職への就職、大学教育を受ける権利などを奪われました。さらに、北アイルランドにはプロテスタントたちが大挙して押し寄せ、大規模な植民が行われることになりました。

こうしてアイルランド国内はイギリス寄りのプロテスタント派と、アイルランド寄りのカソリック派という宗教的な対立が深まっていったのです。

カソリック教徒の教えのなかには「避妊の禁止」というものがあり、「カソリックは子だくさん」というのが当時の通説でした。そんななか「1歳児を食糧として売り出す」という施策は、当然カソリック教徒の数を減らすことにつながったでしょう。

スウィフトはどこまで本気なのか？

ここまで紹介してきた論文の内容を見て、気分が滅入る方もおられるでしょう。果たしてスウィフトは、本心からこのような穏健なる提案をしているのでしょうか？　夏目漱石は著書『文学評論』のなかで、スウィフト評として「これを真面目とすれば純然たる狂人である」と述べています。

しかし、『穏健なる提案』では、統計や流通の経路、はては調理法といったことまで仔細に検討されています。狂気にかられて書いたとすれば、議論の進め方が冷徹かつ慎重すぎるのです。スウィフトは、この論文の終盤において次のように語っています。

●私はひとえにアイルランドという国のために本案を論じている。
●なぜならば、私はアイルランドのために無駄で無益な提案をするのに疲れ果てたからだ。
●消費者に国産品の購入を促して、国内産業を活性化させようだとか、党派ごとの無駄ないがみ合いをなくしてアイルランドのために手を取り合おうだとか、国家や自分の良心を売り飛ばさないようにしようなどという、まったく無益な提案を聞かせないでほしい。
●繰り返し言うが、いま挙げたような提案や方策を私に聞かせないでほしい。そんな習慣を実行しようとする誠実、真摯な試みが生じる希望の少なくとも片鱗でも認められるまでは絶対言わないでほしい。

スウィフトの言う「無益な提案」とは、じつはいずれも自身がかつて政治パンフレットに書いた内容です。スウィフトはこれらの、「(真に)穏健なる提案」がいずれも「無益な提案」に終わった現状を嘆く形で、この論文を書き上げたのです。つまり一見残酷に見える提案の数々は、不在地主や権力者たちに対して、搾取による貧困のなか死なざるを得なかった子どもたちがいる現状、彼らが口にする美食の数々は貧民の血肉を貪っているのに等しい、という強烈な皮肉だったのです。なお、『穏健なる提案』のなかでは、食人の習慣をイギリスで紹介した者の1人として、「サルマナザール[※8]なる台湾人」を挙げています。偽りの台湾ネタを盛り込むというあたりにも、スウィフトはこの説を本心で述べたものではないことが窺(うかが)えます。

そしてその皮肉は、「無益な提案」に耳を貸さなかったアイルランド国民にすら向けられています。スウィフトは「この私案を退けたければ、現に存在している10万人のタダ飯食らいたちと、100万人の人間[※9]の形をした動物たちへの処遇としてより優れた案を出してくれ」と語っています。結局のところ『穏健なる提案』は、額面どおりにも、皮肉としても世間に受け入れられることはなく、イギリスとアイルランドの関係に変化をおよぼすこともありませんでした。

ところが、その後のアイルランドは、スウィフトの穏健なる提案のほうがむしろ「本当に穏健だったのではないか」と思えるほど悲惨な事態に陥ります。

05

「穏健」ならざる飢饉が襲いかかる

アイルランドの小作農たちは、不在地主やその代理人によって徴収される税のため、家族のための食糧は自ら所有するわずかな土地で穫れる作物に限られました。そんななか面積あたりの収穫量が多く、栄養価も高い「ジャガイモ」が南米からもたらされると、たちまちアイルランド国中の小作農がその栽培を始めました。半分に割った種芋を土に埋めておけば、貧しい土地でも半年後には何倍にもなって収穫できるため、まさに貧農たちにとって命綱そのものだったのです。

しかしジャガイモは、致命的な弱点を抱えていました。同じ種芋から収穫された芋を受け継ぐため遺伝的多様性を欠き、伝染病に非常に弱かったのです。1845年から広まった「立ち枯れ病」と呼ばれる茎が腐る疫病によって、アイルランド国内のジャガイモは壊滅的な打撃を受けます。

自らの腹を満たす作物をジャガイモだけに頼っていたため、小作農の食糧庫はたちまち底をつきました。一方、小作地で栽培されていた小麦やトウモロコシは疫病を免れ、例年どおり収穫されました。しかし、それらはほとんどが税や小作代として不在地主たちに徴収されるのです。

こうして、アイルランド国内では人々が飢え続けているにもかかわらず、港からは食糧が運び出し続けられるという異常事態が生じたのです。

人類史上、このような大飢饉に陥ると、いわゆる「カニバリズム」が起こります。たとえば我が国で1782~88年に起こった「天明の大飢饉」では、死者が出た家を訪れてその肉を求めたり、子どもを手にかけて食していたという記録が残されています。しかし一方で、アイルランドのジャガイモ飢饉では、スウィフトの意に反して、そのような記録は残っていません。敬虔なカソリック教徒であるアイルランド国民は、「殺すべからず」の教えに従い、口減らしを拒んだのです。

この結果として1845〜51年までの6年間で、飢饉による死者は約100万人を超えました。

飢餓から逃れるため国外へと脱出した人々もいましたが、彼らはまるで貨物同様の扱いで移民船へと詰め込まれました。1つのベッドを4、5人で共有しなければならないほどのすし詰め状態のなか、不潔な船内では船酔いや伝染病に苦しめられました。いわゆる「棺桶船」と呼ばれたこれらの船は、過酷すぎる航海のため、目的地へたどり着く頃には、移民全員が死亡しているという事態すらあったのです。

＊

――以上が、ジョナサン・スウィフトによる論文『アイルランドの貧民の子どもたちが両親および国の負担となることを防ぎ、国家社会の有益なる存在たらしめるための穏健なる提案』の紹介です。

アイルランドとカソリックにまつわる話として記憶に新しいのは、2014年にアイルランド西部のチュアムという小さな町で発覚した事件です。

カソリックの修道女会が運営する「マグダレン洗濯所」というすでに閉鎖済みの母子施設から、数百体におよぶ乳幼児、胎児の人骨が見つかりました。地元の歴史家キャサリン・コーレスの調査によって、遺骨は1925〜61年にかけて死亡したものであるとされています。

当時のカソリックの女性たちは、結婚前の処女性を厳格に取り締まられていました。たとえ暴行による懐妊だとしても、未婚での出産はたいへんな恥とされていたのです。彼女たちは「ふしだらな女」というレッテルのもと、過酷な労働を強いられたり、強制的に不妊治療を施されました。また、そのような環境で生まれた「父親のいない子どもたち」がどのような末路をたどったのかは、発覚した事件が物語っています。

かたや露悪的なまでの皮肉で自国の窮状を暴こうとした論文と、かたや潔癖な題目の陰に悲惨な犠牲を強いた教え――。

あるいは、スウィフトが自説に冠した「穏健」という形容は、皮肉でも何でもなかったのかもしれません。

脚注

［114ページ出典］『文学評論』（夏目漱石著、春陽堂、国立国会図書館デジタルコレクション）

※1 Jonathan Swift（1667年11月30日～1745年10月19日）。イングランド系アイルランド人の政治風刺作家、随筆家、政治パンフレット作者、詩人。

※2 Henry II（1133年3月5日～1189年7月6日）。プランタジネット朝（アンジュー朝）初代のイングランド王国の国王（在1154年～1189年）。

※3 インド・ヨーロッパ語系のヨーロッパ先住民族。紀元前5世紀頃からヨーロッパ中・西部で栄えたが、紀元前1世紀までにローマの支配下に入った。

※4 ピューリタン革命とも。狭義には1642年から1649年にかけてイングランド・スコットランド・アイルランドで起きた内戦・革命を指す。

※5 Oliver Cromwell（1599年4月25日～1658年9月3日）。イングランドの政治家、軍人、イングランド共和国初代護国卿。

※6 Sir William Temple（1628年4月25日～1699年1月27日）。イングランドの外交官、エッセイスト。

※7 Patricius（387年?～461年）。アイルランドにキリスト教を広めた司教、守護聖人。

※8 58ページ※1参照。

※9 「人間の形をした動物」への嫌悪は、『ガリバー旅行記』においても「ヤフー」と呼ばれる、人間に似た獣を従える、高潔な馬たちの国の物語でも言及される。

番外編

ニコラウス・
コペルニクス 著

Galileo

NICOLAI COPERNICI
TORINENSIS DE
REVOLUTIONIBUS ORBIUM
COELESTIUM, LIBRI VI

Newton

01

偉人たちの知のリレーが、
地球を動かした

天体の回転について

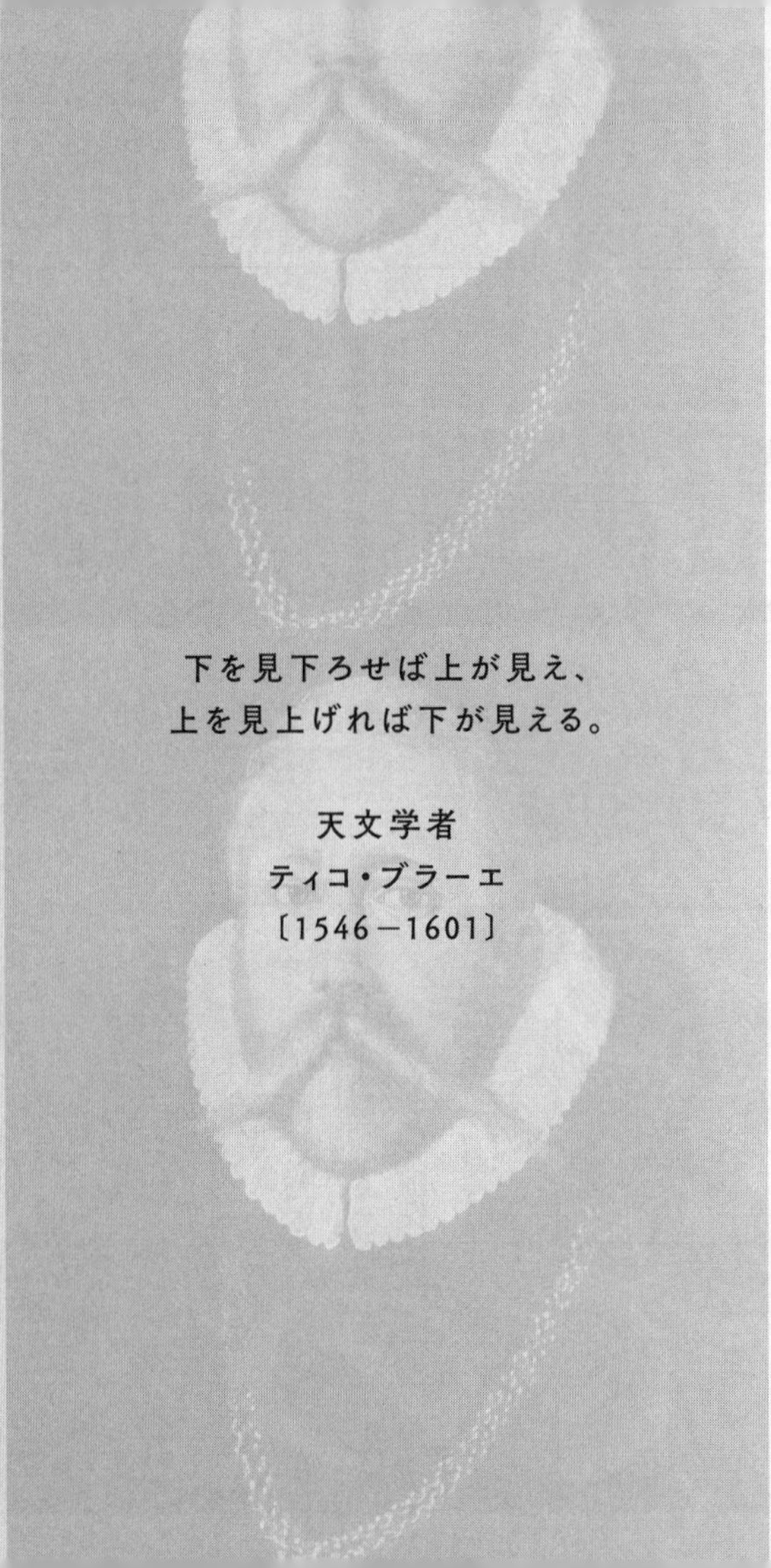

下を見下ろせば上が見え、
上を見上げれば下が見える。

天文学者
ティコ・ブラーエ
〔1546－1601〕

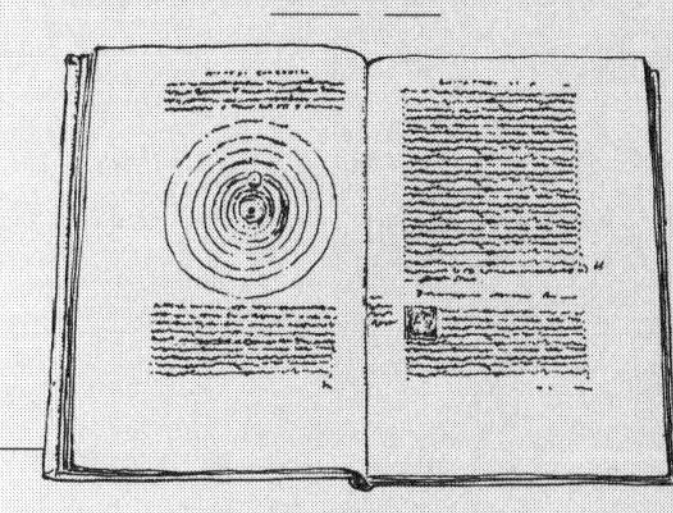

『天体の回転について』は、医者にして天文学者であったニコラウス・コペルニクス[※1]によって書かれた全6巻からなる、革新的な宇宙観を示した学術書です。1543年に刊行されました。

第1巻では、「地球は球体で、運動している」ことを示すとともに、球面三角形についての論述と星の表を記しています。第2巻では、「球面天文学」について。第3巻では、「分点の歳差と太陽の視運動」について。第4巻では、「月」について。第5、第6巻では、「惑星」について記されています。

宇宙は、地球を中心に回っている

コペルニクスが活躍した15～16世紀は、「この宇宙の中心とはすなわち我々の住む地球であり、その周囲を月や太陽、そのほかの惑星が回る」という「天動説」が主流でした。現在の私たちからすれば、天動説が当たり前とされていたとは、にわかには想像できません。しかし当時は「天動説」に反旗を翻した『天体の回転について』のほうが「奇書」だったのです。

一口に「天動説」と言っても、様々な学説が存在します。15世紀に主流だったのは、古代ローマの学者クラウディオス・プトレマイオス[※2]が、著書『アルマゲスト』で唱えた天体モデルです。

ちなみにプトレマイオス以前の天動説では、地球を中心に同心円を描くように惑星が進む「同心天球モデル」が有力でした。しかし同心天球モデルには、ある欠点が存在しました。実際に地上から観測した惑星は、文字どおり、天球上をまるで惑うように行きつ戻りつしながら、複雑な軌道を描きます。一方、同心天球

惑星の天球上の動き

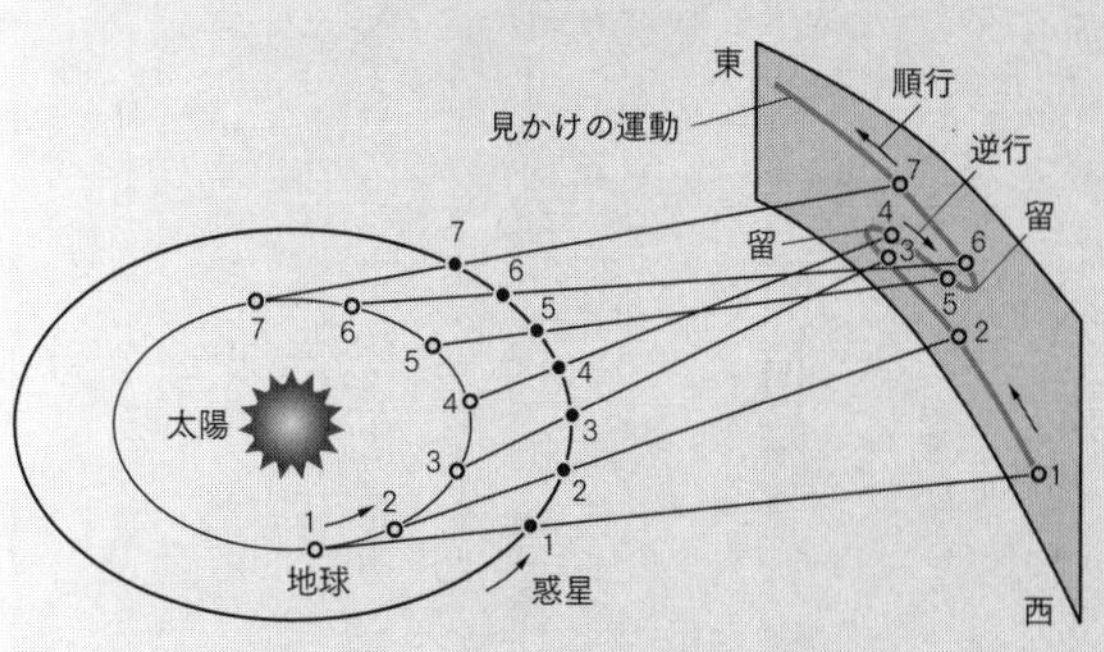

プトレマイオスの周転円モデル

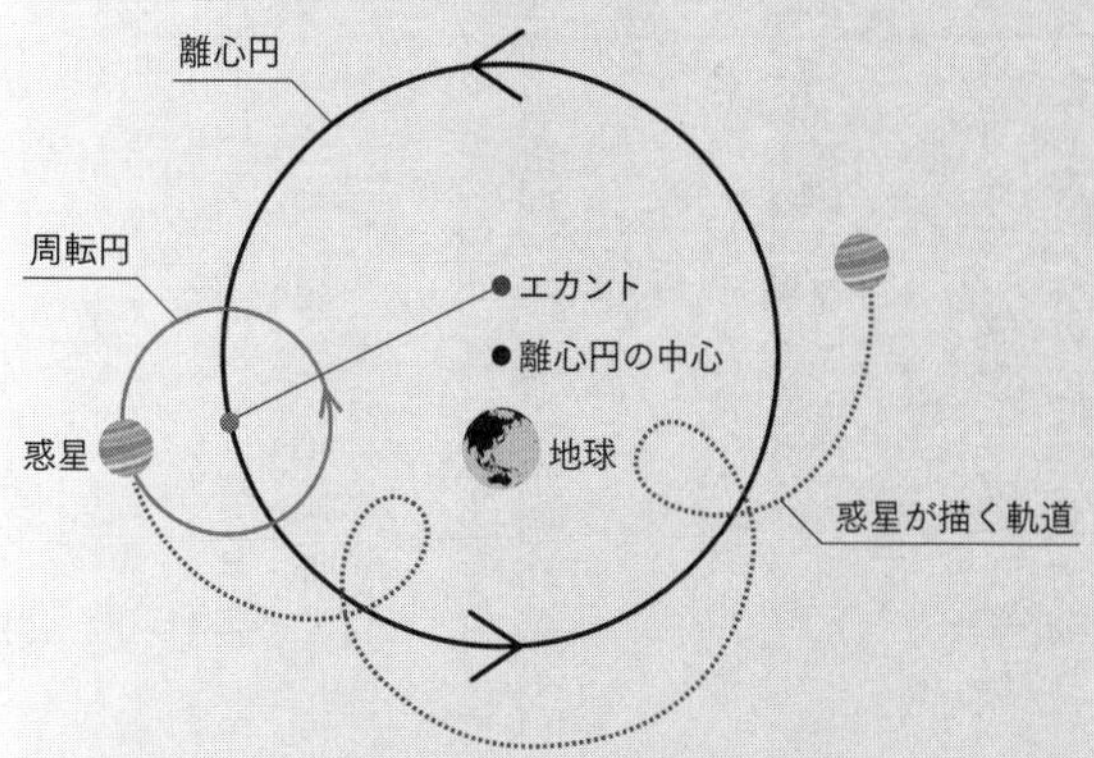

モデルは、どの惑星も一様に地球の周りを回るため、実際の惑う動きを再現できなかったのです。

プトレマイオスが唱えたモデルは、惑星の主軌道に「周転円」[※3]や「離心円」[※4]、「エカント」[※5]という概念を取り入れることで、「実際に見える惑星の軌道」を非常に高い精度で再現することに成功しました。

『アルマゲスト』が著されたのは150年頃。その後コペルニクスが現れるまでの1300年以上にわたって、プトレマイオスの宇宙観は、「最も正確に惑星の動きを描写する」モデルとして、不動の地位を誇っていたのです。

聖書が保証した「天動説」

天動説が支持されたのには、もうひとつ理由があります。実験に基づく経験主義的科学が生まれる以前の時代には、世界を知るための試みはほぼすべて演繹的手法によって行われていました。これは、絶対不変の「公理」がまずあり、それらを解きほぐし、組み合わせることで新たな個別の法則を導き出そうという手法です。

この場合の「公理」とは、たとえば聖書の記述であったり、古代ギリシャの偉大な哲学者の言葉など、その時代において権威を誇った文献を指します。たとえば天動説を支持する根拠としてよく挙げられる聖書の記述に次のようなものがあります。

しかし、その時に起る患難の後、たちまち日は暗くなり、月はその光を放つことをやめ、星は空から落ち、天体は揺り動かされるであろう。

「マタイによる福音書(24.29)」

『新約聖書』(1954年訳、日本聖書協会)より引用

あなたは地をその基(もとい)の上にすえて、とこしえに動くことのないようにされた。

「詩篇(104.5)」

プトレマイオスモデル。

『旧約聖書』（1955年訳、日本聖書協会）より引用

現代から見ればただの比喩とも取れる言葉ですが、この時代においてはそうではありません。聖書に記された言葉は「一字一句誤りがない事実である」というのがまず前提であり、その土俵に立って初めて自然哲学や物理学についての議論を始めることができたのです。その世界観の中では「地球は太陽の周りを猛スピードで回っている」という主張は、土俵に上がることすらできなかったのです。

そのため、『天体の回転について』の編集に携わったルター派の神学者アンドレアス・オシアンダーはコペルニクスの身を案

NICOLAI CO-
PERNICI TORINENSIS
DE REVOLVTIONIBVS ORBI-
um cœlestium, Libri VI.

Habes in hoc opere iam recens nato, & ædito, studiose lector, Motus stellarum, tam fixarum, quàm erraticarum, cum ex ueteribus, tum etiam ex recentibus obseruationibus restitutos: & nouis insuper ac admirabilibus hypothesibus ornatos. Habes etiam Tabulas expeditissimas, ex quibus eosdem ad quoduis tempus quàm facillime calculare poteris. Igitur eme, lege, fruere.

Ἀγεωμέτρητος οὐδεὶς εἰσίτω.

Norimbergæ apud Ioh. Petreium,
Anno M. D. XLIII.

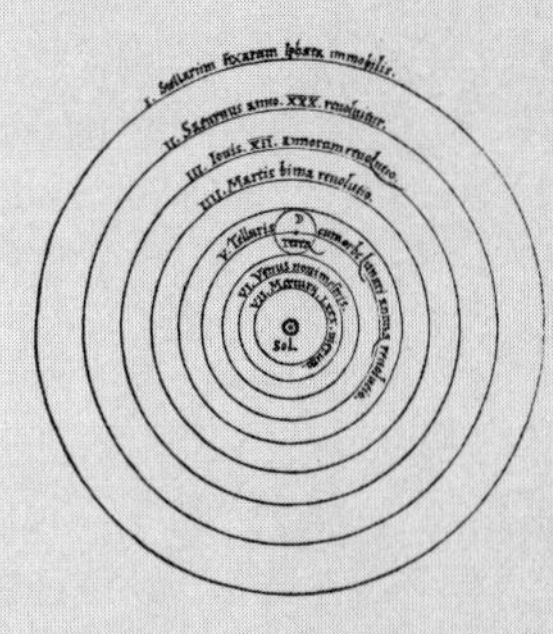

『天体の回転について』表題ページ（左）とコペルニクスの天体モデル（右）。

じ、前置きとして次のような要旨の一文を勝手に挿入しています。

これはあくまで計算の利便性のための一種の思考実験であり、これが現実の宇宙の姿を現しているという意味ではない。

地球の周りをめぐる惑星が、さらに周転円を描くというプトレマイオスのモデルは、非常に複雑な計算を必要としました。一方で、コペルニクスのモデルは、形だけ見れば単純な同心天球モデルに近く、「計算の利便性」という点でプトレマイオスのモデルよりも優れています。ただし欠点もありました。コペルニクスは惑星の軌道を真円とみなして計算を行ってしまったため、実測値とのズレはむしろプトレマイオスモデルよりも大きかったのです。

“異端”の天文学者コペルニクスとは何者か

ニコラウス・コペルニクスは1473年、現在のポーランドにあるトルンという町で生まれました。コペルニクスという姓はポーランド語で「銅屋」を意味し、その名のとおり父親は銅を扱って財産を築いた裕福な商人でした。ポーランド最古の大学であるクラクフ大学[※6]でリベラル・アーツを学ぶ傍ら、天文学者[※7]アルベルト・ブルゼフスキに師事します。

その後、学位を取らずに中退すると、司教であった叔父の勧めで教会法の学生としてボローニャ大学に入学。そこで恩師となる天文学者[※8]ドメーニコ・マリーア・ノヴァーラ・ダ・フェッラーラの弟子となります。フェッラーラは、プトレマイオスの宇宙モデルに懐疑的だった学者の1人で、コペルニクスにも大きな影響を与えました。卒業後は、叔父の後押しでフロムボルクのヴァルミアの聖堂参事会員[※9]になると、その後再びイタリアへ留学し、パドヴァ大学で医学を修めます。医者にとって不可欠な技術である「占星術」[※10]を学びました。

2年後、ヴァルミアに戻ると、そこで司祭兼医師として生涯を送ります。多忙な仕事の傍ら、天体観測を行い、自身の考えを1本の論文にまとめたのです。

コペルニクスは、この〝異端の発想〟を生涯発表するつもりはありませんでしたが、晩年、唯一の弟子の勧めで出版を決意します。しかし校正作業中に脳卒中で倒れ、仕上がった校正刷りが手元へ届けられたのは、亡くなる当日だったと言われています。

こうして『天体の回転について』は発表されました。コペルニクスが唱える地動説が、当時の宇宙研究に大きな足跡を残し、そして私たちが暮らす現代の宇宙科学にまで影響を与えてしまうとは、本人も予測していたでしょうか。

コペルニクスの出発点は「信仰心」

――以上が「かつて奇書」であった書物、『天体の回転について』に関する紹介です。

先ほど、聖書の記述が天動説を補強したと言いましたが、当時において科学と宗教は単純な二項対立関係にあったのではありません。

神の創った世界の理(ことわり)を「より深く知ろう」という試みは、信仰の発露です。事実、トマス・アクィナス[※11]をはじめとするスコラ派[※12]の人々は「自然哲学」という、自然の摂理を解明する学問を、神学の一環として行っていました。しかし、彼らの「自然哲学」と、近代的な「科学」との間には大きな壁があります。それを顕著に表すのが、次の聖書の言葉に対する解釈でしょう。

主なるあなたの神を試(こころ)みてはならない。

「マタイによる福音書(4.7)」

『新約聖書』（1954年訳、日本聖書協会）より引用

この、「試みてはならない」という言葉は、聖書の記述をはじめとする、過去の権威ある文献に対する絶対的な信仰という形で現れました。そのため当時の学者たちは、それらの文章を論理的に組み合わせて新たな法則を知ろうとしていました。

そしてまた、現在「コペルニクス的転回」と呼ばれ、キリスト教の支配から脱するきっかけのような文脈で語られる「地動説」も、実のところコペルニクスにとっての信仰の一側面でもありました。

コペルニクスの「太陽中心説」は、「神が完璧を期してこの宇宙を創られたのであれば、その宇宙を照らすランプは部屋の中心に据えるのが最も効率的である」というある種の信仰が発端だったのです。そういった意味では、コペルニクスの説も神から卒業したと言うには程遠く、天体は依然として信仰という〝分厚い天蓋〟で覆われたままでした。

ではここからは、その天蓋を打ち破り、天体の運行の本質を神の手から奪い取るまでの物語をお届けします。コペルニクスに端を発した、科学者たちの「知のリレー」を、走者となった偉人らとともに見ていきましょう。

物語は1人の、「天才になれなかった男」から始まります。

最大・最高の観測データを遺した ティコ・ブラーエ

男の名はティコ・ブラーエ[※13]。デンマークの偉大な天体学者（もとい〝天体観測者〟）です。ブラーエは、「地面が動いている」などというコペルニクスモデルを信じることができず、プトレマイオスモデルをうまく変形することによって、現在の観測データに合致させることができると信じていました。彼は、その野望を実現するため、それまで誰もやらなかった領域に手を伸ばしました。それは、膨大な観測記録を採ることです。

ブラーエが活躍した16世紀、天体観測は短時間かつ1回きり、というのが当たり前でした。ところがブラーエは、同じ観測器を用いて何度も観測を行い、観測装置ごとの個体差や観測者による測定の癖など、観測に影響を及ぼす要素を余すことなく記録していきました。その記録をもとに観測器を調整し、さらには新たな器具を開発するなど、ブラーエの熱意は徹底的でした。

しかし皮肉なことに、観測精度が上がるほど、プトレマイオスモデルの欠点を浮き彫りにする結果が導き出されたのです。結局ブラーエは、その欠点を修正することができず「観測」に殉じた人生を終えました。

生涯を賭して積み上げた膨大な観測記録も、ブラーエにとっては不本意な結果だったのかもしれません。

しかし時を経て、遺されたデータは後に続く学者への「最大・最高の武器」になるのです。

師匠の観測データで、惑星の軌道を導いたヨハネス・ケプラー

ブラーエが遺したデータを最初に受け継いだのは、弟子の1人であるヨハネス・ケプラー[※14]でした。ケプラーは紛れもなく「天才」であり、師が取り組んでいたプトレマイオスモデルの修正がうまく行かないことも、早々に悟っていました。

彼は、師の志を一顧だにしないものの、遺されたデータには絶大な信頼を寄せていました。そしてプトレマイオスの説から離れ、師の正確なデータに基づく理論の解明、つまり「帰納法」によって新たなモデルの作成に乗り出したのです。

ケプラーが計算によって導き出したのは、「惑星の軌道は楕円となる」「惑星は太陽からの距離によって速度が変化する」という、聖書のどこをさらっても出てくることのなかった「新たな法則」でした。古代ギリシャ以来、「神の創りし宇宙は完全を期して真円を描く」という考え方が一般的でした。コペルニクスですら脱することのできなかったその常識を、ケプラーは打ち破ったのです。不完全

だった地動説は、ケプラーによって格段にその信憑性が高まりました。天体の正確な運行を予測することが可能となり、天動説に対する理論の優位性が決定的なものになったのです。

しかしその理論は、簡単には人々に受け入れられませんでした。

「それでも地球は回っている」。ガリレオの心の叫び

コペルニクスの提唱した地動説の理論を引き継いだ人物として最も有名なのが、ガリレオ・ガリレイ[※15]です。

先に紹介したブラーエは、情報の精度が上がれば真実へ近づく可能性が上がる、ということを証明しました。

ガリレオは、これまで目の前に広がる範囲でしか空を「見て」いなかった観測に対し、新たな「道具」を持ち込んだのです。

ガリレオは、オランダの眼鏡職人ハンス・リッペルハイ[※16]が特許を申請した「望

遠鏡」を改良し、天体観測を行いました。それによって、これまで「光るなにがしか」としか考えられていなかった星々の正体が、じつは地球と同じ球体であると判明したのです。
「神秘的で、完璧な神の世界」であるはずの月でさえも、望遠鏡を覗けば凹凸ばかりのいびつな表面であることが暴かれました。この事実は教会にとって受け入れがたいものでした。「望遠鏡なる怪しげな道具を通して見た景色など、真実の世界ではない」と言う者まで現れます。

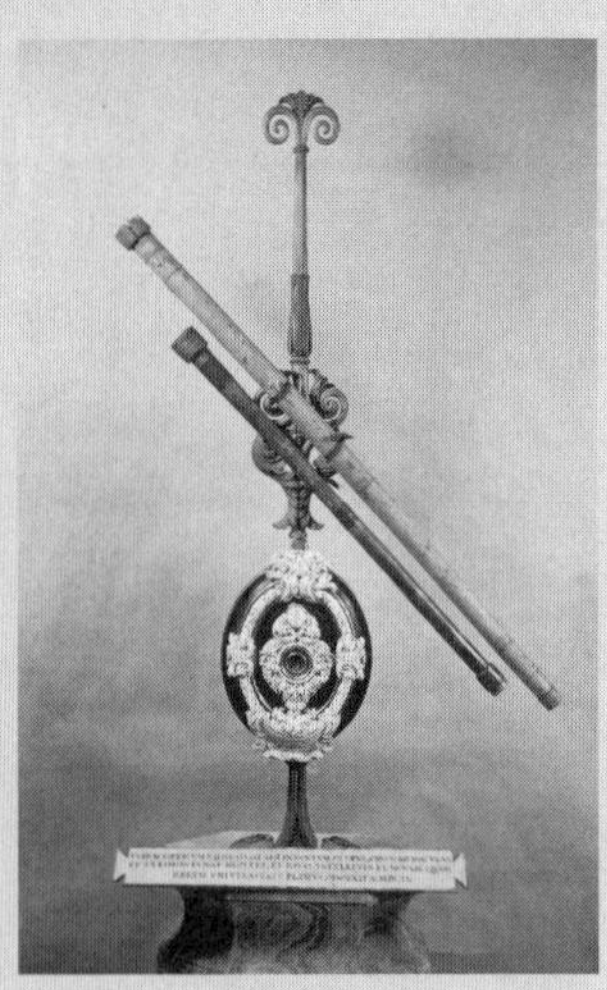

ガリレオ望遠鏡。

ガリレオにとって幸運だったのは、自身が優秀な講師であり、ヴェネチアのパドヴァ大学の厚い庇護を受けていたことでしょう。1603年、ヴェネチアは、聖職者への特権の付与を拒否する条令を制定したことで、ローマ法王より「都市丸ごと破門」

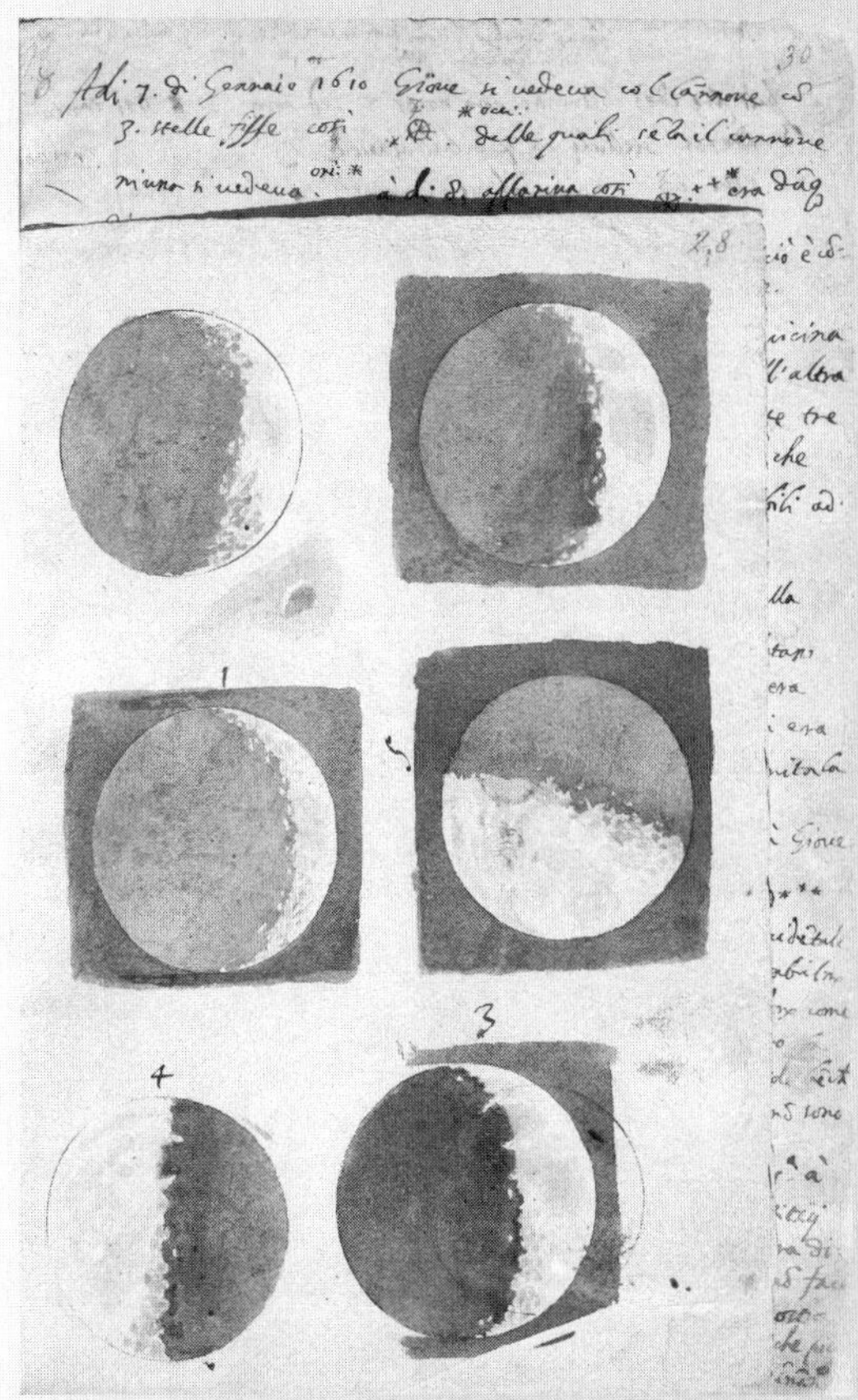

ガリレオによる月の満ち欠けの観測図。

という措置を受けていました。しかしヴェネチア側は「まずはヴェネチア人、次いでキリスト教徒」というモットーのもと、再三の聖務停止命令を無視してミサを行い続けました。1年後、根競べに負けた教皇側は、各国政府の仲立ちもあり破門を取り下げることになったのです。

カソリックの神学的な脅(おど)しが不発に終わったことで、ヴェネチアはヨーロッパ随一の知的自由が許された場所となりました。

一方、ガリレオにとって不運だったのは、やはり自身が優秀であったということでした。「いまをときめく学者を手元に置きたい」と考えたメディチ家[※17]は多額の報酬をガリレオに提示し、フィレンツェに招きます。ガリレオも応じました。しかし、フィレンツェはヴェネチアに比べカソリックの影響が強く、自由に学問を行えるような環境ではありませんでした。聖書に反する教えを広めた咎(とが)で、ガリレオはローマへと出廷を命じられ、審問にかけられることとなったのです。

当時からすでに名声を得ていたガリレオに対する審問は、実際には形式的なものだったようです。審問における検察官はガリレオの友人であるロベルト・ベラ[※18]

ルミーノ枢機卿でした。また、審問官らもガリレオを非難するというよりは「理論的ではないコペルニクスの説を教えることは止めなさい」という、婉曲的なものでした。ガリレオは喜んでこれを受け入れ、代わりに「審問の結果、ガリレオは一切罰されなかった」という証書を手に入れたのです。

この後しばらくガリレオは地動説に対して消極的な姿勢をとり続けました。そして審問から16年後の1632年、十分にほとぼりが冷めたところで、地動説に関する自身の考えをまとめた書籍『天文対話（2つの偉大なる体系に関する対話）』を出版します。

この書籍は、地動説を辛抱強く説く教育者サルビアティと、天動説を信奉する愚かな学者シンプリシオ（単細胞の意）、そしてそれらに対して（ガリレオ的に）公平な聴取者サグレドら3名の対話形式[※19]によって、地動説がいかに理論的で、天動説がいかに愚かな考えかを説くものでした。この挑発的な内容に加え、この書籍は当時の学術書の主流であったラテン語ではなく、広く一般市民も読むことのできるイタリア語で書かれていました。さらに「この事実は望遠鏡を買って観測すればすぐに分かる（当時ガリレオは望遠鏡の販売も行っていた）」など、地動説を一般に広めるという目的が明らかでした。この本は当然、カソリックの逆鱗に触れました。

『天文対話』は出版から数カ月で発禁となり、ガリレオは再びローマへの出廷を命じられたのです。今回は命に関わる本物の異端審問で、審問のたびにちらつかせてくる拷問道具の数々に、さすがのガリレオも白旗を上げざるを得ませんでした。結果、公式な回答として「私は本気で地動説を信奉してはいなかった」と主張することで火刑を逃れ、「異端と強く疑われる」という判決を下されるだけで済んでいます。判決後の帰り道、ガリレオは「それでも地球は回っている」と叫んだと言いますが、本当にこんな発言をしたのであれば火刑を免れませんので、これは後世の創作だと考えるのが妥当でしょう。

こうして地動説を広める活動こそ封じられたガリレオですが、自然科学というものを、そして地動説の根拠を、一般市民の目に触れる形で示した功績は大きいでしょう。ガリレオは、世界の仕組みを知る手段が「教会の教えに耳を傾けること」でしかない人々に、「自分たちの目を通じて世界を捉える」きっかけを作ったのです。

神の領域に手を突っ込んだニュートン

奇しくもガリレオが没したその年のクリスマス、1人の男の子がイングランドの東海岸に位置するリンカンシャーの小都市、ウールスソープにて生を享けました。未熟児として生まれ、助産師に長生きはしないだろうと言われたその子どもの名はアイザック・ニュートン[※20]。過去の人々から受け継がれてきた「観測」と「実験」に基づくデータを、たった1人で「理論」という剣に鍛え上げ、「自然哲学」と「現代科学」との境を切り拓いた人物です。

光学における分光の説明や、微分積分法の発明など、彼が遺した功績は1人の人物のそれとしてはあまりにも膨大です。そのなかで彼の最も有名な功績は万有引力の発見であることは、間違いないでしょう。

ここまで、多くの人物たちが「観測」に基づき星の運行に関する「法則」を見つけ出してきた一方で、ではそれらが「なぜそうなるのか」という点については、依然として保留にされたままでした。ここを明らかにしたのがニュートンです。

ニュートン以前の時代にも、リンゴが地面に落ちるのは〝何らかの力〟によるものだという共通認識はありました。「リンゴの落下」はリンゴが地面に、正確には地球の中心に引き寄せられるために起きる現象だと分かっていたのです。しかし、ニュートンの発想はそれを「地上」にとどまらず、「空」へ、つまりは「宇宙」へと拡張しました。

「地球がリンゴにおよぼした力は、月にも、あるいは他の天体にも影響をおよぼしているのではないか」

これはとんでもないブレイクスルーでした。なぜなら当時は「地上」と「宇宙」はまったく別種の法則、言うなれば「人の世界の法則」と「神の世界の法則」によって動いていると考えられていたからです。双方の間は、物理的・思想的な分厚い天蓋によって隔たれていました。

もしも「人の世界の法則」で動く「リンゴの落下」を記述するのと同じ理論に

よって、「神の世界の法則」で動くはずの「天体の運行」が記述できてしまったら——。それは、神の領域が大きく侵されることを意味します。

つまりこれが万有引力、「人の世も神の世も同種の力で動く」ことを初めて説明した理論でした。

しかしその功績に反して、ニュートンはいわゆるステレオタイプな「偏屈な学者」であり、人格が功績の妨げになることが多々ありました。ややもするとニュートンが鍛え上げた「剣」は振るわれることなく、自身の机に仕舞われたまま歴史に消えていたかもしれないのです。そんな剣に光を当てたのが、助手にして友人であったエドモンド・ハレー[※21]です。

彗星の到来を正確に「予言」したハレー

2人のエピソードには事欠きませんが、ここでは1つだけ紹介します。ある日、ニュートンのもとを訪れたハレーは、こう尋ねました。「あなたの重力に関する理論を、惑星の軌道に当てはめた場合、その軌道はどのような形となりますか」

と。ちなみにこのときの惑星軌道に関する理論は依然としてプトレマイオスの真円モデルが主流で、ケプラーの見出した楕円の法則はいまだ傍流でした。

その問いにニュートンは即座にこう答えました。

「そんなもの、20年前に計算済みだ。楕円となるだろう」

2人の天才が別種の方向から導き出した「法則」と「理論」が同じ結果をさし示したのです。

この回答に感激したハレーは自ら印刷代を負担して、ニュートンにその理論を発表することを促しました。こうして世に出たのが、物理学史上最も偉大な書籍と言われる『自然哲学の数学的原理（プリンキピア）』です。

かくして人類は天体の運行の本質を我がものとしたわけですが、それは一部の物理学者たちに限られた知識でした。一般人の間では、依然として神の世界と人の世界は分かたれたままだったのです。

そんなとき、人類にとって絶好の機会が訪れます。

1715年5月3日、その日、ロンドン市民の頭上を大きな影が覆いました。

太陽が「喰われ」、地上が闇に覆われたのです。いつもであれば凶事の先触れとして市民を恐怖に陥れたそれは、しかし今回に限っては歓声とともに迎えられました。

現在では「皆既日食」と呼ばれるその現象を、[※22]ハレーは事前に予測していたのです。そしてその2週間前に、「神に守護されたるわれらが君主とその治世に凶事の兆しがあるなどといった悪質なデマを防ぐため」として、「日食が自然現象にすぎないこと」「日食が図のような軌道でイギリスを横切ること」などを記したビラも配っています。

ハレーの「予言」どおりにイギリスを通過した皆既日食は、誰の目にも明らかな「現代科学」の勝利を告げる、とどめの一撃でした。

そしてハレーは、ある彗星の運行についても「予言」を残しています。

「私は戻ってきたこの星を見ることはできない。だがこの予言を遺したイギリス人を忘れるな」

ハレーが没して15年後の1758年、それは予言どおり再び地球を訪れ、現代科学の黎明を世界に伝えました。本人の不安をよそに、その彗星は現代でも、そのイギリス人の名を冠しています。

*

——以上が、「科学以前」と「以後」に跨って生きた人々の紹介です。

彼らの功績がなければ「科学」は生まれなかった——。というのは言いすぎでしょう。しかし、彼らのうち誰か1人でも欠けていれば、この「革命」が起こるのはまだずっと先のことだったかもしれません。

彼らのなかで皆さんが心に最も残ったのは誰でしょうか。

先にも述べましたが、(現代において「科学以前」とされる)かつての「神学」は、聖書や過去の内容を絶対とし、そこから個別の理論を導き出す、という手法によって研究されていました。

その行いを現代でたとえるならば、「Wikipedia」の内容を丸ごと信じてレポートを仕上げることに近いものがあります。かく言う私も、現在ある種々の資料を〝信じて〟本書を書き上げたわけです。権威や、自身の主義主張に沿った物語をつい信じたくなるというのは、いつの時代においても人間の基本機能なのかもしれません。そしてそれが基本機能であるということは、それが「生存に有利をもたらす機能」だった(時期がある)ことも意味します。

あるいは、人類は依然として「信仰」の拠り所が変わっただけで、「神」から卒業できずにいるのかもしれません。

あなたは「神」を信じますか?

脚注

[132ページ出典]『ケプラー疑惑』(ジョシュア・ギルダー、アン=リー・ギルダー共著、山越幸江訳、地人書館)

※1 Nicolaus Copernicus(1473年2月19日~1543年5月24日)。ポーランド出身の天文学者、カソリック司祭。

※2 Klaudios Ptolemaeus（83年頃〜168年頃）。数学、天文学、占星学、音楽学、光学、地理学、地図製作学などで業績を残した古代ローマの学者。

※3 地球の周りをめぐる惑星が、その軌道上でさらに小さな円の上を回転するという考え方。

※4 地球の周りをめぐる惑星らの回転中心を、地球からずらした位置に配置した。

※5 惑星が等速で円運動するのではなく、離心円の中心を挟んで反対側に配置した「エカント点」から見て、一定の速度で動くよう速度が増減する、という概念。

※6 自由七科（文法、修辞、弁証、算術、幾何、天文、音楽）。

※7 Albert Brudzewski（1445年頃〜1497年）。ポーランドの天文学者、数学者、哲学者、文学者、外交官。

※8 Domenico Maria Novara da Ferrara（1454年〜1504年）。イタリアの天文学者。

※9 聖堂の管理運営を行う司教ではない役職者。高給。

※10 当時の自然哲学は、天体上で起きる事象に対して地上で起きる事象が対応する、という大前提があった。人体を小宇宙と捉え、天体との相関を見ることで健康状態に説明をつけていた。

※11 Thomas Aquinas（1225年頃〜1274年3月7日）。中世ヨーロッパ、イタリアの神学者、哲学者。

※12 11世紀以降に主として西方教会のキリスト教神学者・哲学者などの学者たちによって確立された学問のスタイル。

※13 Tycho Brahe（1546年12月14日〜1601年10月24日）。デンマークの貴族、天文学者、占星術師、錬金術師、作家。

※14 Johannes Kepler(1571年12月27日〜1630年11月15日)。ドイツの天文学者。

※15 Galileo Galilei(1564年2月15日〜1642年1月8日)。イタリアの物理学者、天文学者、哲学者。

※16 Hans Lipperhey(1570年〜1619年)。オランダの眼鏡製作者。望遠鏡を最初に造ったとされる。

※17 ルネサンス期のイタリア・フィレンツェにおいて銀行家、政治家として台頭し、フィレンツェの実質的な支配者として君臨。後にトスカーナ大公国の君主となった一族。

※18 Roberto Francesco Romolo Bellarmino(1542年10月4日〜1621年9月17日)。イタリア出身のイエズス会司祭、ローマ・カソリック教会の枢機卿。

※19 『天文対話』の扉絵。右からシンプリシオ、サグレド、サルビアティ。

※20 59ページ※7参照。

※21 59ページ※8参照。

※22 じつは、プトレマイオスのモデルでも日食や月食の予測は可能だった。しかし、吉兆や権威の強化に結びつけることを目的とした「神秘の秘匿」が行われていたことが、人々の目をくらませていた。ある意味で、ハレーのプロデュース能力の勝利とも言える。

非現実の王国で

ヘンリー・ダーガー 著

IN THE REALMS OF
THE UNREAL

06

大人になりたくない男の、ネバーエンディング・ストーリー

おお、誓ってくれ、
作り話を信じると、／
ずっと虚構だけに忠実でいると、／
魂を牢獄に閉じ込めたりしないと、／
手を伸ばしここに壁があるなどと
言わないと。

作家
ウラジーミル・ナボコフ
〔1899－1977〕

06

『非現実の王国で』は、正式名称を『非現実の王国として知られる地における、ヴィヴィアン・ガールズの物語、子ども奴隷の反乱に起因するグランデコ・アンジェリニアン戦争の嵐の物語』といい、現在において「世界最長」の小説です。作者であるヘンリー・ダーガーは、この作品を1910年、自身が18歳の頃より書き始め、81歳で没する半年前まで書き続けました。[※1] タイプライターで清書した15冊の冊子のうち、7冊はダーガー自身で装丁・製本を行っています。

ストーリーは、主人公である少女たちが、自分たちを虐(しいた)げる大人たちに対して立ち向かう姿を描いたものです。

大家によって見出された作品

ダーガーは自身の生涯で、この作品を他人にほとんど披露していません。本作が世に知られるきっかけは、ダーガーが救貧院に入所しているさなかのことでした。大家であるネイサン・ラーナーが、部屋にあった1万5000枚にもおよぶ原稿と、巨大な紙に描かれた300枚以上の挿絵を発見したのです。

ラーナーはこれらの作品についてダーガーに尋ねましたが、本人は物語については明かさず「遺品としてすべて処分してくれ」と話していました。しかし、ラーナーは写真家としても活躍していたことから、作品の持つ芸術的な価値を感じ取っていたのです。ダーガーの死後、彼は部屋をそのままの状態で保存し、その部屋は現在、移設先の場所で博物館として原文や絵画とともに公開されています。ラーナーはのちに、次のように語っています。

ヘンリー・ダーガーの人生の最後になってようやく、私は知ったのだ。足をひきずって歩く、この老人がほんとうは何者なのか。

『ヘンリー・ダーガー 非現実を生きる』(小出由紀子著、コロナブックス)より引用

ヘンリー・ダーガーは、アメリカ、イリノイ州のシカゴで生まれました。母親は、ダーガーが4歳を迎える直前、妹の出産時の感染症によって亡くなっています。また、そのときに誕生した妹も、すぐに養子に出されてしまい、父一人子一人での生活を送りました。服の仕立屋を営む父親は教育熱が高く、ダーガーは学校に上がる前からすでに読み書きを教わり、新聞も1人で読めるようになっていました。しかし彼が8歳のとき、父親は身体を壊して満足に働けなくなってしまいます。ダーガーは、カソリックの児童養護施設に預けられることになりました。

養護施設でのあだ名は「クレイジー」。突然、口を使って奇妙な音を立てる癖があり、周囲からそう呼ばれていたのです。そのほかにも、いくつかの感情障害の兆候が見られたため、12歳のときイリノイにある知的障害児の施設へ転院させられます。新しい施設での規則正しい暮らしが彼の性に合っていたのか、生活は概ね幸せなものでした。しかしそれも束の間、15歳の頃、最愛の父親までもが亡

くなってしまいます。報せを受けたダーガーは悲しみに暮れ、何度も施設からの脱走を試みました。17歳のとき脱走に成功してからは、頼る人も住む家もないため、住み込みの清掃員としてカソリック系の病院を転々とする暮らしを始めます。『非現実の王国で』の執筆を始めるのは、そんな暮らしのさなか、ダーガーが18歳の頃です。その後60年以上にわたって書き続けられるその物語は、次のような書き出しで始まります。

物語の舞台は、その題名のとおり、知られざる国々の間、あるいは私たちの地球が彼らの月であり……地球より数千倍も巨大な架空の惑星にある架空の世界、または国々で展開する。

『ヘンリー・ダーガー 非現実を生きる』（小出由紀子著、コロナブックス）より引用

幼い頃の父親の影響もあって、ダーガーはとりわけ南北戦争に興味を持っていました。そのことを示すように、『非現実の王国で』には、南北戦争を彷彿とさせるモチーフが数多く登場します。物語は主に、子どもを奴隷として使役する悪

06

ダーガーの自室（再現）。

しき国家「グランデリニア」と、善きキリスト教国家「アビエニア」との戦争を描いています。そのさなか、アビエニアのプリンセス「ヴィヴィアン・ガールズ」と呼ばれる7人の姉妹が、時に勇敢に、時に賢く、時に大胆に苦難を突破していくのです。

挿絵は、少女なのか？ 少年なのか？

初めのうちこそ文章のみで展開する本作ですが、その後、ダーガー自作の挿絵が加わり始めます。しかし、ダーガーは絵画の才能に恵まれなかったため、初めのうちは雑誌写真の切り抜きによるコラージュ[※2]を用いていました。それからやがて、気に入った構図やモチーフを繰り返し使うために、カーボン紙を用いたトレース（敷き写し）を行うようになります。

また、病院の清掃員という職業柄、収入は豊かではありません。そのため画材には、もっぱら子ども用のお絵かきセットを用いていました。

挿絵の多くは、幼い少女たちが戦いに挑む様子です。しばしば、少女たちは全裸の状態で描かれました。しかも不思議なことに、少女たちの股間には「未熟な男性器」が描かれているのです。これは、「ダーガーが女性の体に無知であったため」という説もありますが、少し矛盾があります。ダーガーは、日常的にコラージュの素材を古雑誌から集めていました。この頃は、すでにポルノ写真も多く掲載されており、生身ならずとも女性の裸体を見る機会は頻繁にあったはずです。また、男性器の描かれていない少女も数多く見られます。そのためダーガーにとっての男性器は、「勇ましさ」「戦いに挑むもの」の象徴として描かれたという説もあります。

また、Vivian girlsという名も、ダーガーのこだわりが見られる部分です。「ヴィヴィアン」[※3]という名の多くは、女性名として使われます。しかし、古くはVivianとは男性名であり、女性名はVivienneと綴るものだったのです。この説に立つと、ヴィヴィアン・ガールズとは、「男性と女性の二面性を持つ少女たち」というような解釈もできます。

物語にはしばしばダーガー本人と思(おぼ)しき人物も登場します。年が若い頃には少女たちを追って戦場を駆ける従軍記者として。あるいは、少女たちを守護する万能の超人として。また時には、強大な力を持つ敵国側の将軍となり、少女たちを酸鼻を極めた窮地に陥れることもありました。

物語の展開は、執筆時点でのダーガーの心境ともシンクロしています。

象徴的なのは、物語のなかで「アーロンバーグ・ミステリー」として語られる、ある少女の写真にまつわる話です。

すでに紹介したとおり、ダーガーは気に入った写真や雑誌の切り抜きを収集していました。なかでもお気に入りのものは、額に入れて、まるで家族の写真のように飾っていたのです。5月9日付「シカゴ・デイリーニュース」に掲載された、エ[※4]ルシー・パルーベックという少女の写真もその1枚です。

エルシー・パルーベックは、作中では「アニー・アーロンバーグ」という名を与えられ「王国」の一員として子ども奴隷反乱軍のリーダーとして活躍します。

しかしある日、ダーガーは、エルシー・パルーベックの写真をどこかへ紛失してしまいました。ひどく動揺したダーガーは、彼女の写真を返してくれるよう神へ祈り続けますが、結局、写真は見つかりませんでした。写真の紛失による落胆と、神に対する怒りを、彼は『非現実の王国で』の戦況にもぶつけています。キリスト教国であるアビエニアを「人質」にとるようにして、神を脅(おびや)かすような行為を始めるのです。

> アーロンバーグ・ミステリーのせいだ！ ヴィヴィアン・ガールズは瀕死の重傷を負う。７月４日までに写真が戻らなければ、彼女たちの命はない。
> 『ヘンリー・ダーガー 非現実を生きる』（小出由紀子著、コロナブックス）より引用

子どものままでいたかった、心の叫び

承認欲求は、社会的な動物である人間にとって、基本的欲求とも言えます。他者との関わりや、作品の発表を拒んでいたダーガーのあり方は、これら人としての本能を否定するものだったのでしょうか。周囲の人々の言葉や、ダーガー自身が残した日記によれば、決して他者との交流を望まなかったわけではないことが見受けられます。いえ、むしろ人との交流を熱望してさえいるのです。

ダーガーはしばしば、「子どもたちをネグレクトから救うため」として、教会に養子縁組みの申請[※5]を行っていました。

また、晩年に隣人によって開かれたダーガーの誕生日パーティーでは、「ブラジルの子どもの行進曲」を歌ってみせたりして人々との交流をとても楽しんでいたそうです。

60年以上にわたる創作活動は、ダーガーの救貧院への入所とともに終わりを迎えます。

ダーガーは、この物語に2つの結末を用意しました。

ひとつは、アビエニアはグランデリニアを打倒し、平和が訪れ、ヴィヴィアン・ガールズは幸せな日々を過ごすというもの。もうひとつは、戦争は終結せず、ヴィヴィアン・ガールズは激しい戦いに身を置き続ける、というものです。

いずれの結末も製本されないまま放置されており、ダーガーがどちらを採用しようとしていたのかは闇の中です。あるいは、2つとも〝物語の結末〟という時点でバッドエンドだったのかもしれません。ダーガーは晩年、彼の人生を振り返った手記において次のように語っています。

君は信じるだろうか。たいていの子どもたちと違い、私は大人になる日を決して迎えたくなかった。

大人になりたいと思ったことは一度もない。いつも年若いままでいたかった。

いまや私は成人し、年老いた脚の悪い男だ。いまいましくも。

そしていまや、壊れた膝のせいで、長い絵の上に、描くために両足で立つことももとても難しい。

それでも私は挑み、痛みがやってくると座り、また挑む。

『Henry Darger』(Klaua Biesenbach 著、Prestel)

＊

——以上が『非現実の王国で』に関する紹介です。

本書は紛れもなく「アウトサイダーアート」[※6]の代表格として位置づけられています。しかし、その手法と内容はコラージュはともかく、「トレパク」[※7]「リョナ」[※8]「ロリ」[※9]など、現在の倫理観ではご法度(はっと)とされるものばかりです。それを指して「アウトサイダー」と呼ぶのは、なかなかシニカルな見方ではあります。とはいえ、ダーガーの作品を見れば「アート」であることは一目瞭然(いちもくりょうぜん)であり、それを納得させるだけの「凄み」がこの作品には宿っているのです。

ダーガーが『非現実の王国で』を描いた理由について、「単に自身の欲情を満たすためだったのでは」と、よく指摘されます。しかしその指摘によって、作品の芸術性が毀損されるのかと言えば、これもまた意見が分かれるところでしょう。

ダーガーという人物は、人間的な欲求よりも内的な美を追求した「真の芸術家」だったのでしょうか。あるいは、その歪んだ欲望を、創作によって発散するしかなかった「孤独な人」だったのでしょうか。大作の結末が2つあったように、ダーガー自身の人物像も定めることはできません。手掛かりを挙げるとするならば、ダーガーが眠る墓碑には次の一文が刻まれています。

ヘンリー・ダーガー
アーティストにして、子どもたちの守護者

「表現したい」「せずにはいられない」という欲求を抱いても、それを世間が許さなかったとしたら、人はどうすればいいのか――。ダーガーの生き方は、直面した現実に抗うためのひとつの答えです。

なんと言ってもその王国は、「非現実」なのですから。

脚注

［164ページ出典］『賜物』（ウラジーミル・ナボコフ著、沼野充義訳、河出書房新社）

※1 本編の執筆は30代半ばで完成させ、その後は300枚を超える挿絵の制作や、8500ページにおよぶ続編の執筆に費やしている。

※2 素地に印刷物、布、木片、砂、木の葉などを貼りつけて構成する絵画の技法。

※3 【男性名の例】Sir Vivian Ernest Fuchs（1908年～1999年）。サー・ヴィヴィアン・アーネスト・フックス。1957年～1958年にかけて南極を初めて横断したチームを率いた。【女性名

の例】Dame Vivienne Westwood（1941年〜2022年）。ヴィヴィアン・ウエストウッド。イギリスのファッションデザイナー。

※4  エルシーは当時行方不明となり、その後、遺体で発見されている。その際に報じられた、少女の生前写真を所有していた。

※5 ダーガー自身に十分な収入がないことや、結婚歴がないことですべて却下されている。

※6 美術に関する教育を受けていない独学者が制作する作品。

※7 「トレース」「盗作（パクリ）」の造語。

※8 ネットスラングのひとつ。暴力や拷問などの苦痛に晒されるなかに、性的嗜好を感じさせる描写。

※9 「ロリータ・コンプレックス」の略。少女に対し理想的な女性像を見出し、倒錯的な愛を注ぐことを指す。

フラーレンによる52Kでの超伝導

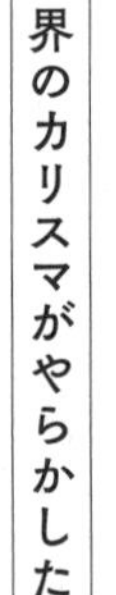

“神の手”

物理学界のカリスマがやらかした

ヤン・ヘンドリック・シェーン著

SUPERCONDUCTIVITY AT 52K IN HOLE-DOPED C_{60}

F)$_2$ PF_6

Nb_3Ge

$Hg_2Ba_2Ca_2Cu_3O_x$

07
$RbCs_2C_{60}$
$(TMTSF)_2PF_6$
Nb_3Ge
$La_{2-x}Ba_xCuO_4$

虚偽を加味することは、
金銀貨の混合物のように、
金属をより実用に
役立たせるかもしれないが、
その質を低下させる。

哲学者
フランシス・ベーコン
〔1560?―1626〕

07

Superconductivity at 52 K in hole-doped C_{60}

『フラーレンによる52K（ケルビン）での超伝導』とは、[※1]ヤン・ヘンドリック・シェーンを主な著者とし、2000年にベル研究所の研究者らによって発表された超伝導に関する科学論文です。一般的に聞きなれない単語が並んでいますので、本題に入る前に予備知識から順に解説しましょう。

「超伝導」とは何か？

「超伝導」とは、ある物質を冷却した際に「抵抗」（電気抵抗）が急激に0に近い値になる現象のことです。1911年、オランダの物理学者ヘイケ・カメルリング・オンネス[※2]によって発見されました。また、このような性質を持つ物質のことを「超伝導物質」、超伝導物質が超伝導状態にある場合を「超伝導体」と呼びます（正確にはそれに加えて完全反磁性を持つ物質）。

電気回路に用いられるほとんどの導体は、「抵抗」を持っています。たとえば、銅線を流れている間も電流は銅の分子にぶつかり、電気エネルギーは熱エネルギーとなって失われていくのです。

短い回路であれば、「抵抗」によるロスはさほど問題になりません。しかし、送電線のように電気を送る距離が長くなるほど、相対的にロスも増えます。いかに「抵抗」を減らすかは大きな課題となるのです。

「超伝導物質」ができれば、一切のロスなく電流を流すことが可能です。もし超伝導物質による送電を行うことができれば、現代のエネルギー問題は解決に大きく近づきます。

さてこの夢の技術とも言える超伝導ですが、その技術はいまだ〝夢のまま〟であり、一般的な実用からは程遠いというのが現状です。その理由は、「超伝導転移温度」（以下、転移温度）と言われる超伝導を引き起こすための温度にあります。

現在までに発見された超伝導物質は、いずれも摂氏マイナス200℃前後という、極端な低温でしか超伝導状態にはならず、一般的な環境では到底実現できるものではありません。転移温度を維持するために要するエネルギーのほうが、超伝導で得られるエネルギーよりも大きくなってしまうという本末転倒な事態になるのです。

現代の科学者たちは超伝導を実用的なものとすべく、転移温度を常温に近づけるための研究を日夜行っています。

超伝導ブーム

１９１１年、オランダの物理学者ヘイケ・カメルリング・オンネスは、液体ヘリウムを使って４・２K[※3]（マイナス２６８・95℃）という超低温状態に置くと、水銀が超伝導物質となることを世界で初めて報告しました。そしてその後の研究により、転移温度は徐々に上昇していきました。しかし１９７０年代以降、ニオブ系合金（Nb_3Ge）の23・3K（マイナス２４９・85℃）前後で頭打ちとなってしまいます。

その後１９８６年に、ドイツの[※4]ヨハネス・ベドノルツとスイスの[※5]カール・アレクサンダー・ミュラーらが、本来は絶縁体であるはずの銅酸化物を利用した、30K（マイナス２４３・15℃）での超伝導を報告し、[※6]「高温」超伝導への道を切り拓きました。

銅酸化物による高温超伝導は一時、大流行を巻き起こします。

じつは、科学の世界においてこういった流行りというのは非常に重要です。研究者たちのモチベーションや関心が集まる題材には、リソースが集中します。そ

のため同ジャンルの研究分野が短期間で飛躍的に進歩することがあるのです。[※7]

多くの科学者が研究に打ち込んだことで、銅酸化物超伝導の転移温度はその後およそ10年で133K（マイナス140・15℃）まで上昇しました。このままいけば室温での超伝導も夢ではない——。しかし、ここで再び研究は頭打ちとなったのです。

次に注目されたのが炭素化合物や炭素の同位体を使った超伝導です。1980年に、デニス・ジェロームによって[※8]「(TMTSF) 2PF6」という有機物が超伝導体になることが報告されました。それ以降、炭素化合物の超伝導体は、銅酸化物に迫る勢いで転移温度を上昇させていきました。しかし1991年、当時NEC基礎研究所に所属していた谷垣勝己氏らによって33K（マイナス240・15℃）での超伝導が報告されて以降は、こちらも頭打ちとなってしまいました。

彗星のごとく現れた、若き天才研究者

そんななか、2000年に銅酸化物の超伝導の権威だった[※9]バートラム・バトロ

グが、一転宗旨替えして発表した論文「フラーレンによる52Kでの超伝導」[※10]は、科学技術界に衝撃を与えました。そして、その論文を主導したとされるのが、その後2年にわたって物理学界にカリスマとして君臨することになる人物ヤン・ヘンドリック・シェーンです。

シェーンが1998年から2002年の5年間に発表した論文は60本以上にのぼり、そのうち16本が科学界において最も影響力のある2誌、「Nature」と「Science」に掲載されています。

ヤン・ヘンドリック・シェーン

転移温度だけを見ると、銅酸化物は133K（マイナス140・15℃）、炭素化合物であるフラーレンは52K（マイナス221・15℃）と、一見、銅酸化物のほうが優れているように思えます。

シェーンの理論が高く評価されたのは、頭打ちとなっていた超伝導の理論そのものを飛躍的に進歩させる可能性があったからです。

一般的な金属のみによって起こる超伝導の理論は、1957年に完成していました。しかし研究者の間では、この理論に則っている限り、現状の転移温度の壁を突破することは不可能であるという予想が立てられていたのです。だからこそ、それまでとはまったく異なるアプローチを示したシェーンの理論は、その壁に風穴を開けるきっかけになるのではないかと期待されました。

通常の手法は、「低温下に置くことで超伝導体となる物質を探す」ことによって研究が進められていました。一方、シェーンの提唱した高温超伝導では、まずフラーレンの表面に酸化アルミニウムを「スパッタリング」[※11]と呼ばれる方法で薄く載せます。そしてその薄膜とフラーレンの間に電圧をかけると、フラーレンの表面に電子がたまる。そしてこのとき、左右から低温で電圧をかけると、たまった電子が動き出し、あたかも超伝導体のような振る舞いをするというのです。

「素材や金属自体をどう生成するか」という点に着目していた研究者たちにとって、それはまさに盲点でした。手法そのものが斬新というわけではありませんでしたが、「超伝導に利用する」とは思いつかなかったのです。

谷垣氏とシェーンの比較

《谷垣の方法》

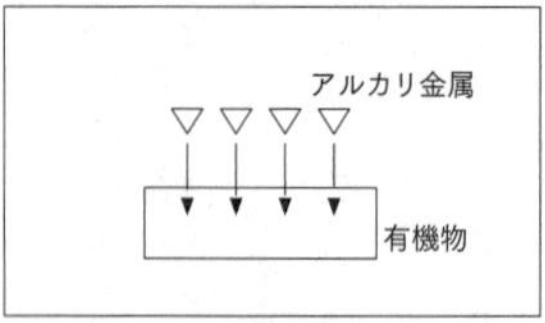

アルカリ金属
有機物

有機物にアルカリ金属をごくわずかに混ぜる。

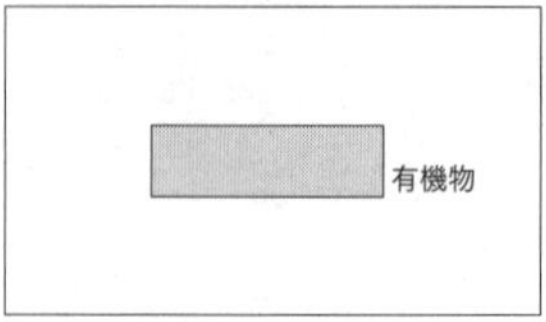

有機物

有機物の性質が変化。

超伝導

低温で電圧をかけると超伝導が起きる。

《シェーンの方法》

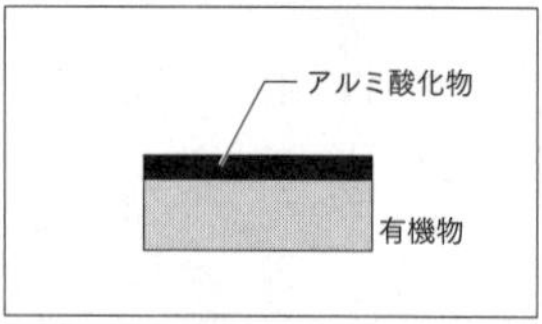

アルミ酸化物
有機物

有機物の上に薄い酸化アルミの膜を載せる。

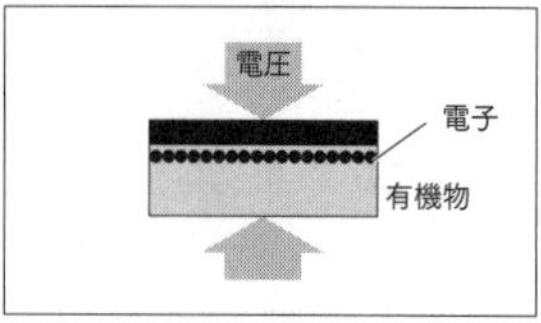

電圧
電子
有機物

上下に電圧をかけると有機物の表面に電子がたまる。

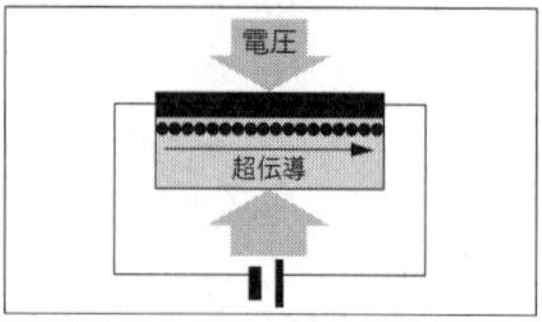

電圧
超伝導

低温で左右に電圧をかけると、たまった電子が動き出し、超伝導が起きる。

出典：『論文捏造』（村松秀著、中公新書ラクレ）より改変

超伝導の研究を行っていた他の研究者たちは、目と鼻の先にあったはずの答えに気づかなかったことに歯嚙みしながらも、惜しみない賞賛をシェーンに贈りました。

カリスマ研究者シェーンの神業

シェーンの非凡さはこれだけにとどまりません。

2000年に自身が更新したフラーレン利用の高温超伝導の記録を、さらに次々と塗り替えていったのです。それも、異常なスピードで。

前述したように、科学界での興味を引く研究分野には各研究機関のリソースが集中し、それぞれが互いに高め合うことによって研究が進むものです。しかしシェーンの場合は、自身が切り拓いた分野を、常に自分自身が最先端として走り続けるという偉業を成し遂げたのです。彼はあっという間に「スター研究者」へとのし上がります。

シェーンの所属しているベル研究所[※12]でも、彼は期待の星でした。毎週のように発表される華々しい研究成果に、「次は何をやってくれるんだ？」と誰もが注目していたのです。

しかし、周囲の高ぶりに踊らされることなく、シェーンは淡々と机に向かい続け、研究室の明かりは他のどの部屋よりも遅くまで点いていました。そんな背中で語る姿勢もまた、周囲を魅了する大きな一因となっていたのでしょう。

人々はやがて、シェーンを「カリスマ」と呼ぶようになります。打ち立てた偉業もさることながら、その実験が他の誰にも再現不可能であったことが、シェーンの神秘性を一層高めました。シェーンの論文には、「フラーレン上に酸化アルミニウムをスパッタリングし……」とだけしか書かれておらず、具体的に「どのように」行ったのかについての記載がすっぽりと省略されているのです。[※13]

各研究機関はシェーンの論文に従い追実験を行いましたが、ここである問題が生じました。薄膜を作ろうとすると、炭素と酸化アルミニウムが反応してしまい、均一な表面にならないのです。そして、いびつに薄膜が剥離した、まったく使い物にならないサンプルができあがります。

追実験を行った研究者の誰もが頭を抱えました。ベル研究所はもともと企業傘下の研究所です。そのため、商業的な観点から一部の重要なパラメータを意図的に隠しているのではないかと勘ぐる者も現れました。

同じベル研究所に所属する研究者デビッド・ミュラーは、そのような状況を憂えていました。シェーンとよく議論を交わした身として、ミュラーは彼の科学に対する誠実さには一目置いていました。実験に必要なパラメータが論文に記載されていないのは、意図的などではなく、あくまで悪意のない見落としだと訴えたのです。ミュラーは「自分であればそれを解決できるだろう」と信じていました。というのもミュラーは、物体の表面状態の測定技術を専門としていたからです。シェーンが作った「超伝導物質」の表面状態を観測すれば、彼がおそらく無意識のうちに加えているであろう「コツ」を見つけ出すことができるはずだとミュラーは考えました。

サンプルを見せてくれと頼まれて、シェーンはこの提案を快諾したのですが……。

「それはいい。ぜひ頼むよ。ただし、いまはサンプルが手元にひとつもないんだ。

僕の母校、ドイツのコンスタンツ大学にあるスパッタリングマシンを使っているので、サンプルはいますべて海の向こうなんだ」

ミュラーはその後、再三にわたってサンプルの提供を頼み込みましたが、残念ながら希望が叶えられることはありませんでした。

シェーンが話した「コンスタンツ大学のスパッタリングマシン」の噂は、界隈にじわじわと広まっていきました。〝マジックマシン〟とあだ名されたこの機械は、さながら都市伝説のように研究者たちの間で囁かれたのです。

そんな状況のなか、シェーンがついに「117K（マイナス156・15℃）の転移温度を達成した」と報告しました。銅酸化物の135Kに迫る数値です。世界中の科学者たちが血道を上げて実現した成果に、たった1人の若手研究者がわずか数年のうちに追いついたのです。人類の夢のひとつである「室温超伝導」にまた一歩近づいた瞬間でした。

「シェーンがついにやったぞ！」

学界は沸き立ちました。

ところが、渋い顔をしている人物が1人いました。シェーンより前に、有機物による超伝導の世界記録を保持していた谷垣教授です。

07

「カリスマ」のメッキが剝がれるとき

谷垣教授は、研究が追い抜かれたことに嫉妬していたわけではありません。「これはひょっとすると、非常にまずいことが進行しているかもしれない」という、悪い予感を抱いていたのです。

シェーンが117Kでの超伝導を達成した手法は、シェーンの提唱したスパッタリングを用いた手法と、谷垣教授の提唱した「有機物に微量の不純物を混ぜることで超伝導性を持つ物質を生成する手法」の合わせ技のようなものです。「不純物を添加したフラーレンに酸化アルミニウムをスパッタリングしたところ、劇的に転移温度が向上した」と報告しています。

しかし、超伝導の専門家である谷垣教授は、その道を極めてきた者として、「いくらなんでも117Kはありえない」という感想を抱いたのです。疑いの視点で再び論文を眺めると、明らかにおかしな部分が散見されました。論文に書かれた、フラーレンへの不純物の添加方法も、専門家の目から見ればひどく粗末なもので、「省略」という範囲ではとても容認できるものではありませんでした。

一方、シェーンの実験チームの内部でも不安は広がっていました。何しろ、彼の実験を見た者は誰一人いません。また、実験サンプルを求めても「ドイツにある」「破棄した」「今回はうまく作れなかった」などと理由をつけてうやむやにされているのです。

リーダーのバトログは部下をコンスタンツ大学に派遣し、〝マジックマシン〟の正体を確かめようとしました。

しかし、派遣された人たちが目の当(ま)たりにしたのは、「神話」とまで言われた劇的なものではありませんでした。むしろ、追実験に血道を上げていた人々が使っていたものよりも明らかに劣る代物(しろもの)だったのです。しかし科学者であれば、科学の世界ではこの種の逆転が往々にして起こりうることを知っています。そこで、派遣された人々は恐る恐る機械を起動してみたのです。

しかし彼らの期待はあっけなく裏切られました。〝マジックマシン〟が生み出したサンプルは、世界中の研究機関で量産され続けていたものと同じ、あるいはそれ以下の失敗作だったのです。

1人の女性によって、すべてを暴かれる

シェーンを取り巻く状況は、混沌の一途をたどります。カリスマ性に心酔していた者だけでなく、激しく糾弾する者も数多く現れました。シェーンの外部講演で、不正について激しく問い詰めようとした女性研究者のリディア・ソーンもその1人です。この女性の勇気ある行動によって、シェーンに巻き起こった疑念の渦は、終わりへと向かうのです。

発端は2002年4月、ソーンの留守番電話に残った、ベル研究所に所属するある研究者からのメッセージでした。

「これは君への宿題です。シェーンの2つの論文をよく見てください」

怪訝に思いながらも、シェーンの研究報告が載った「Science」と「Nature」の論文を見比べました。彼女は驚愕しました。それぞれの研究はまったく別種の実験結果です。しかし、それぞれに掲載されていた折れ線グラフを重ねてみたところ、完全に一致したのです。これらが捏造であることは明らかでした。

ソーンはこの事実をすぐには告発せず、慎重に足場固めを行いました。友人の研究者であるポール・マキューエンとともに、シェーンの発表したあらゆる論文を検めたのです。そしてそのほとんどに「不正の痕跡」を見つけると、2人はシェーン本人やベル研究所を含む関係者らに一斉にメールと電話で連絡を取りました。

事態を重く見たベル研究所も、外部の調査委員会を発足せざるを得ませんでした。

委員会の査問に応じたシェーンは、初めのうちこそ「僕にお手伝いできることなら何でもします」と、いつもの誠実で穏やかな青年を装っていました。しかし、言い逃れの余地を一つひとつ潰していく委員会の取り調べに対し、いよいよ逃げ道のなくなったシェーンは、ついに不正を認めたのです。

シェーンによる〝でたらめ〟な論文の追実験を行った研究機関は、大小合わせて100以上。費やされた費用は10億円を下らないと言われています。しかしそれ以上に、追実験に奔走したことで研究者たちが失った時間は計り知れません。

＊

――以上が、ヤン・ヘンドリック・シェーンの著した偽造論文と、それが巻き起こした騒動に関する紹介です。

若手の研究者らが、自身の研究テーマとしてシェーンの理論に取り組んだケースも少なくありません。膨大な時間を費やしたことが、まったくの徒労だったと知ったときの彼らの落胆は察するに余りあります。

この史上空前の研究不正事件を経て、界隈ではチェック機能が強化されるようになりました。アメリカでは「Retraction Watch（撤回監視）」という、撤回された論文情報を投稿、配信するサイトがあります。ちなみにこのサイトが2015年に発表した「撤回論文の多い著者ランキング」において、シェーンは意外にも第7位となっています。また意外にも日本人が多いことが分かります。

こういった不正に対する最も堅牢なチェック方法は、自分自身の耳目で確認を行うことです。

しかし、「自分の手で実験を行い、自分の目で観測したものだけが信用に値する」というのは極論です。たとえば地動説を自分で観測して検証まで行える人は、果たして世界に何人いるでしょうか。私たちが「科学」を享受するためには、ある程度の「ここから先は信用します」という、互いの棲み分けも大切になってくるのです。

十分に発達した科学技術は〝魔法〟と区別がつかないと言います。ほとんどの人は電子レンジを使うとき「ボタンを押すと、物が温まる」という結果のみを求めています。その過程においてマイクロ波が物体の水分子を振動させて加熱して

撤回論文の多い著者ランキング

順位	氏名	撤回回数	国籍	分野
1	藤井喜隆	183	日本	医学（麻酔科）
2	Joachim Boldt	89	ドイツ	医学（麻酔科）
3	Peter Chen	60	台湾	工学
4	Diedrik Stapel	54	オランダ	社会心理学
5	Hua Zhong	41	中国	化学
6	Adriam Maxim	38	アメリカ	物性物理学
7	加藤茂明	36	日本	分子生物学
7	Hendrik Schön	36	アメリカ	物理学（超伝導）
9	Hyung-In Moon	35	韓国	薬学
10	森直樹	32	日本	医学（微生物学）

出典：Retraction Watch (2015)

いようが、炎の妖精が健気に調理していようが、エンドユーザーにとっては関係ありません。

このようにオカルトに漸近した現代の科学は、科学に漸近したオカルトに容易に取って代わられうるものです。事実、科学的に裏打ちされていないにもかかわらず、「身体に良い」と謳う健康食品などの商売も昨今多く見られます。

そういう意味では、「神」や「魔法」はいまだ我々の認識の中にたしかに息づいており、上辺だけ「科学」という体裁をなす何がしかに取って代わられているのかもしれません。

「宗教こそが科学の発展を妨げてきたの

だ」と言う人は珍しくありません。しかし、それらとは無縁であるはずの最先端の科学者たちが、シェーンの捏造に目をくらまされたのは一体なぜなのでしょう。興味深いのは、シェーンの追実験を行っていた科学者の一部は、シェーンの論文を「バイブル」と呼んでいたという事実です。

果たしてこれは、単なる言葉遊びなのか。それとも、何かの本質を言い当てた言葉なのか——。

読者のご想像にお任せいたします。

脚注

[182ページ出典]『ベーコン随想集』(フランシス・ベーコン著、神吉三郎訳、岩波文庫)

※1 Jan Hendrik Schön(1970年~)。ドイツ人の元物理学者。

※2 Heike Kamerlingh Onnes(1853年9月21日~1926年2月21日)。オランダの物理学者。

※3 以降の温度に関する単位はK(ケルビン)で行う。摂氏の場合、表記がマイナスとなり、転移温度が上がる過程が直観的に分かりづらいため(補助的に摂氏も記載)。

※4 Johannes Georg Bednorz(1950年5月16日~)。ドイツの物理学者、鉱物学者。

※5　Karl Alexander Müller（1927年4月20日〜2023年1月9日）。スイスの物理学者。

※6　この場合の「高温」は、転移温度が液体窒素の温度（77K〈マイナス196・15℃〉）を超えることを指す。液体窒素は、液体ヘリウムに比べて低コストで運用できるため、超伝導の実用化へのハードルが下がった。

※7　最近では「ドローン」や「ディープラーニング」といった分野が、大枠ではそれに当たる。

※8　有機物は本来導電性を持たないが、平面状の構造を持つ一部の有機物は表面上を滑るように電子を送る能力を持つことが確認された。(TMTSF)2PF6はこの平面構造を持つ有機物を積層し圧力を掛けることで、高い伝導性を持たせることに成功した物質である。

※9　Bertram Batlogg（1950年〜）。オーストリア出身の物理学者。

※10　炭素のみでサッカーボール状に構成された分子。グラファイト、ダイヤモンドに次ぐ、第3の炭素同素体として注目を集める。

※11　金属などに不活性ガスを吹きつけ、それにより弾き出された分子を目的物の表面につける。

※12　電話の発明者グラハム・ベルが設立した、アメリカ有数の研究機関。電波望遠鏡、トランジスタ、レーザー、C言語など数多くの技術を世に送り出し、これまでに7つのノーベル賞を獲得している。

※13　論文の本質が「理論の提示」にある場合、手法の細部が省略されることはよくある。そのため具体的な手法は、追実験を行う各々の手腕に求められた。

軟膏を拭うスポンジ
ウィリアム・フォスター著
HOPLOCRISMA SPONGUS: OR A SPONGE TO WIPE AWAY THE WEAPON-SALVE
08

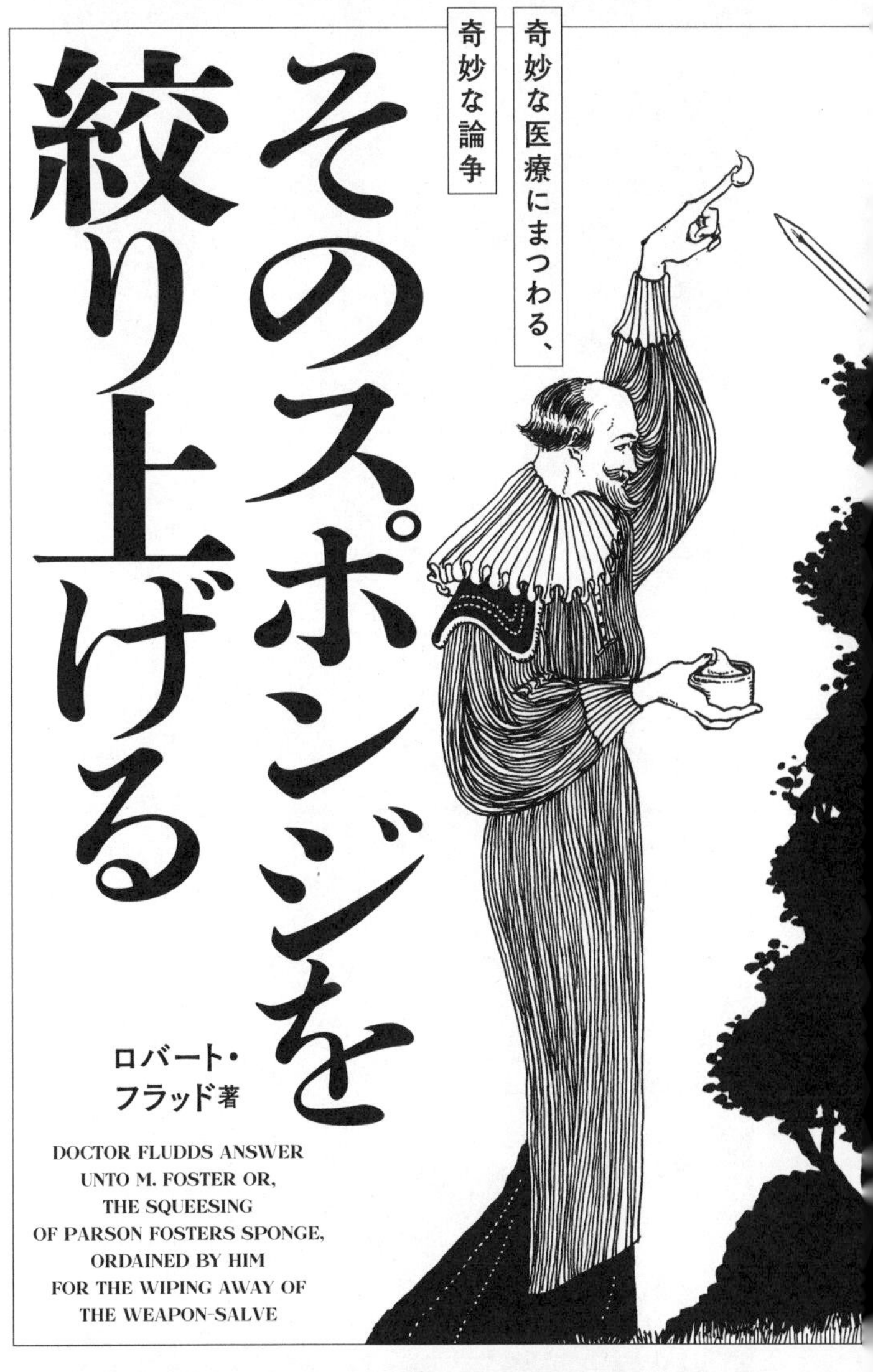
奇妙な医療にまつわる、
奇妙な論争
そのスポンジを
絞り上げる
ロバート・
フラッド著
DOCTOR FLUDDS ANSWER
UNTO M. FOSTER OR,
THE SQUEESING
OF PARSON FOSTERS SPONGE,
ORDAINED BY HIM
FOR THE WIPING AWAY OF
THE WEAPON-SALVE

私は真実のみを、
血まなこで、追いかけました。
私はいま、真実に追いつきました。
私は追い越しました。
そうして、私はまだ走っています。
真実は、いま、
私の背後を走っているようです。
笑い話にもなりません。

小説家
太宰治
〔1909－1948〕

08

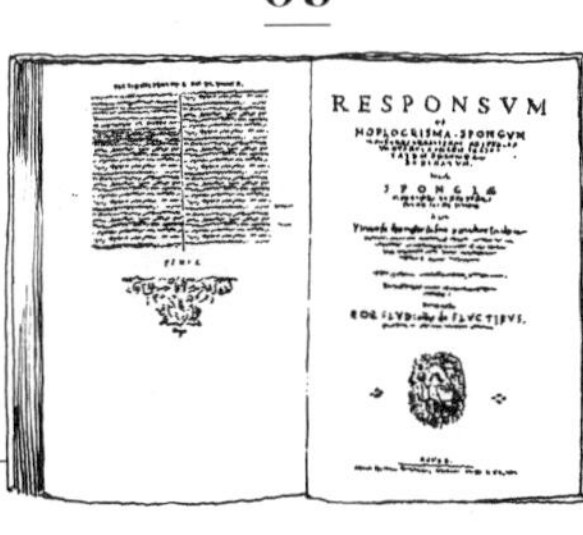

『軟膏を拭うスポンジ』は、正式名称を「ホプロクリスマ・スポングス――すなわち武器軟膏を拭い去るためのスポンジ」。

『そのスポンジを絞り上げる』は、正式名称を「フラッド博士のフォスター師に対する反論、すなわち武器軟膏を拭い去るために用意された礼拝堂付牧師フォスターのスポンジの絞り上げ」と言います。

それぞれ論文であり、17世紀のイギリスで巻き起こった「武器軟膏論争」という、ある奇妙な治療法をめぐる騒動のなかで生まれました。

『軟膏を拭うスポンジ』は、異端審問官[※1]ウィリアム・フォスターによって書かれ、『そのスポンジを絞り上げる』は、医師[※2]ロバート・フラッドが書いたものです。

「武器軟膏」は、傷口に塗らない

たとえば料理中に刃物で負傷したとします。そのとき私たちは傷口に薬を塗ったり、絆創膏を巻いたりと、早く治すための処置を行います。

一方、「武器軟膏」(weapon salve) は傷口には塗りません。刃物や武器で負傷した際、傷を負わせた武器や刃物に軟膏を塗ることで、その傷口を治療できるというのです。17世紀に英訳された魔術の手引書『Archidoxes of Magic』によると、武器軟膏は人の脂、ミイラ、人の血液、野ざらしの人骨に生えたコケなどから生成すると紹介しています。製法や用途を知れば、迷信や魔術の類にしか思えません。しかし当時、医者をはじめとする知識人たちは、この治療法について大真面目に研究をしていたのです。

武器軟膏が一般的に知られるようになったのは、『Archidoxes of Magic』の著者でもある、パラケルススこと、テオフラストゥス・フォン・ホーエンハイム[※3]によります。

パラケルススは、「医学界のルター」と呼ばれるほど革新的な医師にして、錬金術師でもありました。過去の文献に従うだけの医療に異議を唱え、あらゆる土地、あらゆる職業に伝わる医療技術に触れ、自身の哲学と重ねていくことで独自の医療体系を築いた人物です。そのあり方から、生前は他の医師との衝突が絶えず、十分な評価を得ることはできませんでした。パラケルススの医学は死後に彼の著書を読んだ者たちによって広まったとされています。

08

空間を隔てて傷が癒えるなど、ありえるのか？

17世紀のヨーロッパは科学革命を目前に控え、占星術やカバラ[※4]など、これまで「神秘の業（わざ）」とされてきた理論に、解析的な視点がかけられていた時代です。科学と自然魔術が交錯する過渡期において、「武器軟膏」もまた、その2つの狭間に置かれていました。

この治療法を痛烈に批判したのが、異端審問官のウィリアム・フォスターです。

彼は1631年に著した『軟膏を拭うスポンジ』において次のように述べています。

●この方法によって行われた治療は神の法に反しており、魔術的かつ悪魔的にもかかわらず、世間にはびこっている。

●自然に起こる現象はどうあっても、神と賢者らの間に定められたルール、すなわち直接的、ないしは擬似的な接触抜きには起こりえない。

●これらの業を何にたとえられるだろう、思い出されるのは魔女どもが作るような、突き刺すとそれに対応する人物が苦しむ蝋で作られた人形である。

「魔術的」「悪魔的」とは、いかにも異端審問官らしい言い回しです。しかし本質は、「空間を隔てて影響をおよぼし合う力というものは自然には起こりえない」という内容です。

フォスターは磁石を例に挙げ、同じ非接触でも近距離でしか作用しないことに比べて、武器軟膏は空間の距離が一切無視[※5]されていることにも異議を唱えています。

また、武器軟膏が「剣での切り傷」には効果がある一方で、「銃被弾による傷」には効果がないとする点についても批判をしています。傷薬であるのなら、傷の種類を選ぶのはおかしいのではないかと言うのです。

現代の私たちからすれば、フォスターの批判は一見すると至極まっとうな批判に見えます。しかし、彼の主張は、「遠隔治療の真偽」というよりは、「自然的な治療」と「魔術的な治療」の区別に力点が置かれていました。読者に対して、「武器軟膏が黒魔術の類である」と印象づけることが目的だったのです。彼は武器軟膏を支持する者たちのことを「異端」とし、とりわけロバート・フラッドという人物へ怒りの矛先を向けています。

フラッドは、武器軟膏治療を支持する筆頭格の1人でした。フラッドに対するフォスターの言動は日に日に苛烈をきわめ、『軟膏を拭うスポンジ』の表題ページを、フラッド家の玄関に釘で打ち付けるという挑発的な行動にも出ています。

フォスターによる一方的かつ感情的な振る舞いに対し、フラッドも黙っているわけにはいきませんでした。

批判には、批判で応える

フォスターは、『軟膏を拭うスポンジ』のなかで、フラッドを「黒魔術師」と呼びました。ロンドン医師会に所属する公認内科医のフラッドは、その言葉に自尊心を大きく傷つけられたのです。同年、彼は「フラッド博士のフォスター師に対する反論、すなわち武器軟膏を拭い去るために用意された礼拝堂付牧師フォスターのスポンジの絞り上げ」という、皮肉をたっぷりと込めたタイトルの論文を発表。フォスターに対して真っ向から反論したのです。

- まず彼の批判は論理的整合性に欠けている。空間を隔てて作用する力などというものは自然界に多く存在する。航海士らが海で用いる羅針盤などがそうだ。
- 武器軟膏は「共感の力」を用いることで治癒を行う。武器についた血液と傷口とが「共感」することによって傷口をいやすという原理である。よって、武器に血のつかない銃に対する効能が無いのは当然の結果である。
●この「共感」が魔術的な力などではなくまったく自然な現象であることは、天体と人体の相互作用などとして実際の医療に広く用いられていることからも明らかである。
●英国王ジェイムズ1世によって認められた医師である私を黒魔術師扱いするということは、国権に対して疑義を挟むという意味になるがよろしいか？

フォスターの批判点である「遠隔力の有無」「傷の種類を選ぶ問題」「方法そのものの魔術性」のそれぞれに対して反論を行っています。

双方の主張を見ていくと、文字どおり神学論争を聴かされているような気分になります。当時の医療は、天体の運行と人体の健康には密接な関わりがあると信じられていました。

月の満ち欠けが潮の満ち引きに影響するように、人の体液は生まれた日の天体の配置によって決定づけられ、生涯を通じて関わり合うという考え方です。そのため、医師には占星術の知識が不可欠でした。フラッドは医師としてのプライドにかけて、フォスターの批判に反論したのです。「武器軟膏」は、当時の医療知識に基づき「合理的」かつ「先進的」な治療法である、と。

眉唾の理論であるにもかかわらず、なぜフラッドはこれほど強く出ることができたのでしょうか。

それは、武器軟膏の効果が証明されていたからです。驚くべきことに。

武器軟膏の効果を示すエビデンス

外交官のケネルム・ディグビー[※6]は、イギリス国内で初めて武器軟膏を世間に紹介したとされる人物です。ディグビーは、ペルシャ、インド、中国などを旅してきたカルメル会修道士から治療法を学び、国王ジェイムズ1世に伝えました。

ディグビーは「共感の粉」という論文のなかで、武器軟膏を次のような対照実験にかけたとしています。

負傷した兵士を無作為に2つのグループに分け、一方には当時一般的に使われていた傷薬を、もう一方には武器軟膏での治療を行いました。その結果、「武器軟膏」で治療を行った兵士のほうが、明らかに傷の治りが早かったのです。

この結果が先述のホーエンハイムの目に留まり、武器軟膏はイギリスの医師らの間で広まりました。フラッドもこのエビデンスを引用し、あくまで「理性的かつ論理的な」立場として武器軟膏を擁護しています。

一方、フォスターの批判の内容は、（私たちの目線はさておき）魔女のたとえを強引に持ち出すなど、印象操作によって相手を不利にしようという雰囲気が見て取れます。

現代の私たちは、「武器軟膏なんて効くはずがない」とすぐに見抜けます。ではなぜ、当時は〝理性的かつ論理的な手順〟で立証したはずの答えが誤りで、〝感情的かつ感覚的な批判〟が結果的には正鵠を射るというような事態になったのでしょうか。

種明かしをすると、先ほど紹介した実験の内容には、因果関係と相関関係の致命的な交錯があったのです。

「一般的な傷薬」のほうが危なかった

ディグビーの対照実験で用いられた「一般的な傷薬」は、「ワニの糞」や「蝮（まむし）の油」を主原料とした非常に不潔な代物でした。

つまり、この傷薬で治療を行うよりも、人間の自己治癒力（武器軟膏）に任せたほうが圧倒的にマシだった、というのが実状だったのです。先ほどの実験の過程で「なんの薬剤も使わない」というグループを用意していれば、その真因を特定できたかもしれません。しかし、実験のためとはいえ、傷ついた兵士をただ放置するという仕打ちはできなかったのでしょう。その点で「武器軟膏」は、不潔な薬剤を使わないまま、「治療した」という事実だけが得られる方法であり、時代に合った治療法だったのかもしれません。

余談ですが、このような因果関係と相関関係の交錯は、「疑似相関」とも呼ばれており、現代に生きる我々にも無縁ではありません。疑似相関とは、似通った結果を見せる独立したデータ間に、あたかも因果関係があるかのように錯覚してしまう現象です。一例を挙げると、

- アイスクリームの売上げが多い年ほど、溺死者が増える。
- アメリカ人1人あたりのモッツァレラチーズの消費量が増えると、アメリカの土木工学博士号授与数も増える。

といったデータがありえます。

前者では、「暑さ」という共通の要因があるだけで、アイスクリームの売上げと溺死者数の間に直接の因果関係はありません。また後者は、単なる偶然にすぎません。にもかかわらず、「相関している」データと言われると、人間はそこに

因果関係を見出そうとしてしまいます。

　データから相関関係を見出すのは案外簡単ですが、因果関係を導き出すという作業は手間や時間が圧倒的にかかります。そのため、往々にして人はこの種の交錯に陥るのです。


　閑話休題。

「実際に効いた」武器軟膏ですが、やがて廃（すた）れていきます。16世紀以降のルネサンス期に[※7]デモクリトスやエピクロス[※8]の文献が発見され、ヨーロッパでは機械論的[※9]世界観が広まっていきました。それに押しやられるように、「共感」という非物理的な概念を土台とした治療法である武器軟膏は、地位と効力を失っていったのです。

＊

　――以上が、武器軟膏論争をめぐる2つの奇書、『軟膏を拭うスポンジ』『そのスポンジを絞り上げる』に関する紹介です。

これらの武器軟膏論争を安直に捉えるのであれば、論理的（と思われる）過程が必ずしも真実を導き出すとは限らない、というような教訓を導き出せるかもしれません。しかし、果たして「武器軟膏」は、本当に科学の発展における徒花（あだばな）だったのでしょうか。

結果的に、機械論者らによって効能を否定された「武器軟膏」ですが、こういった「遠隔力」の存在を否定した人々は、その後、ニュートンが発表した「万有引力」に対しても同様の批判を加えています。彼らの思考のなかにおいて、「接触することなく影響をおよぼし合う力」というものは存在しませんでした。彼らは、星が動くのは「限りなく透明かつ限りなく硬い物質同士が歯車のようにかみ合って星を運行させている」ためと信じていたのです。

その一方で、科学者であり錬金術師でもあるニュートンの発見は、「遠隔力」の存在を認めているがゆえに生まれたものです。

これらを踏まえると、けだし何が進歩の助けになるのかというのは、一概には測れないものだとも言えるでしょう。

脚注

[206ページ出典]『太宰治全集11』（太宰治著、筑摩書房）

※1 
William Foster（1591年11月～1643年）。イギリス・ヘッジアリーの教区司祭。異端審問官。

※2 Robert Fludd（1574年1月17日～1637年9月8日）。パラケルスス派の医師にして、占星術師、数学者、宇宙論者でもある。

※3 Theophrastus von Hohenheim（1493年11月11日～1541年9月24日）。スイス出身の医師、化学者、錬金術師、神秘思想家。

※4 ユダヤ教の神秘思想。

※5 パラケルススは、30㎞以上離れても効果があるとしている。

※6 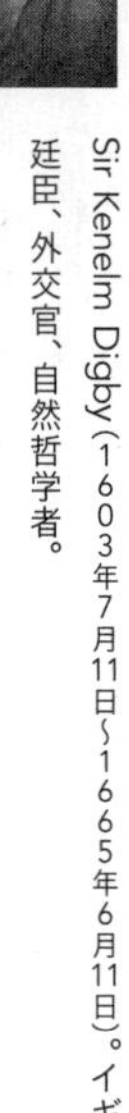
Sir Kenelm Digby（1603年7月11日～1665年6月11日）。イギリス人廷臣、外交官、自然哲学者。

※7　252ページ※5参照。

※8　252ページ※2参照。

※9　自然界の諸現象を精神や魂などの概念を用いず、決定的な因果関係のみで解釈すること。

番外編

物の本質について

ルクレティウス 著

DE RERUM NATURA

世界で最初の快楽主義者は、
この世の真理を語る

02

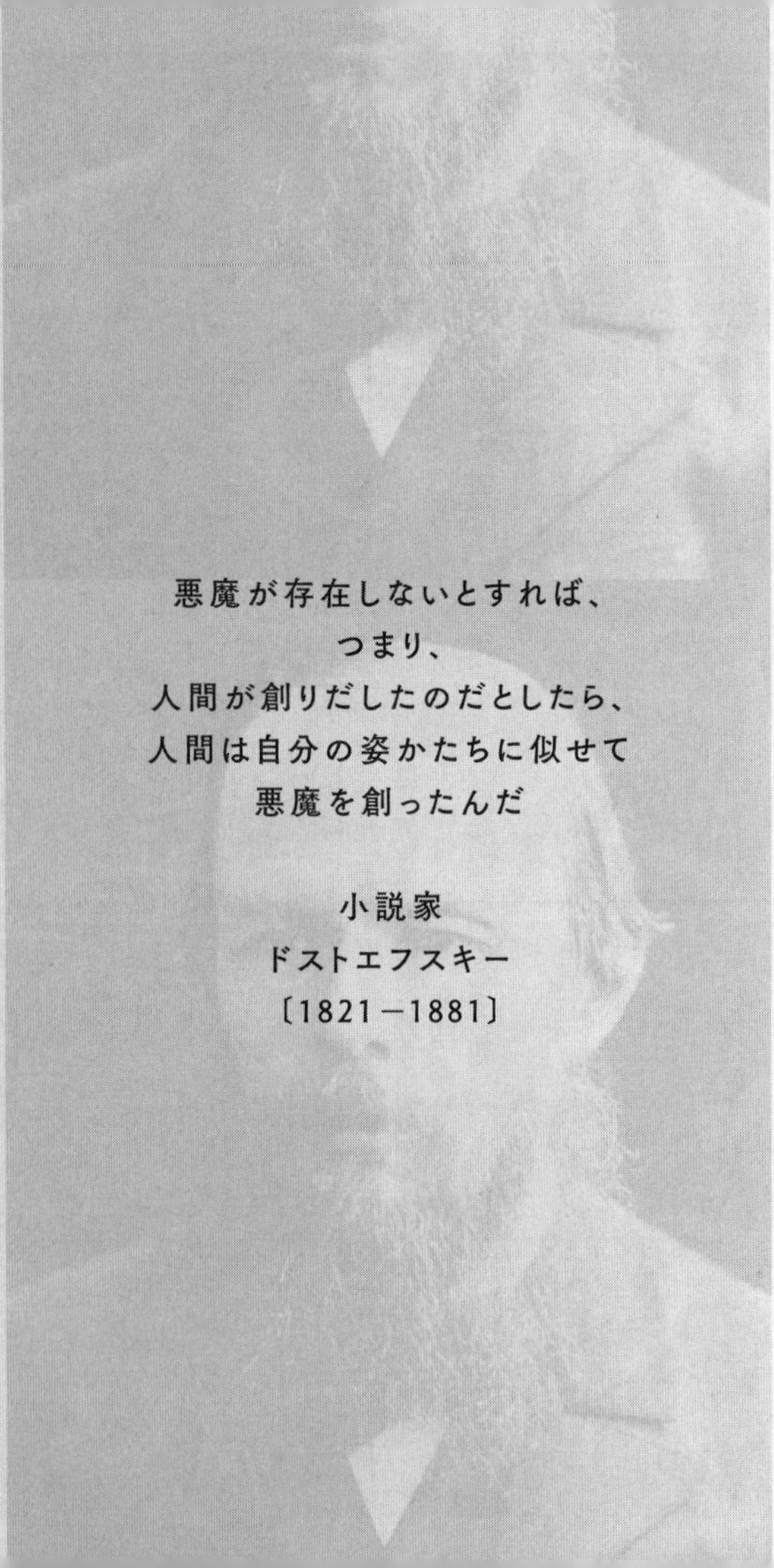

悪魔が存在しないとすれば、
つまり、
人間が創りだしたのだとしたら、
人間は自分の姿かたちに似せて
悪魔を創ったんだ

小説家
ドストエフスキー
〔1821－1881〕

番外編 02

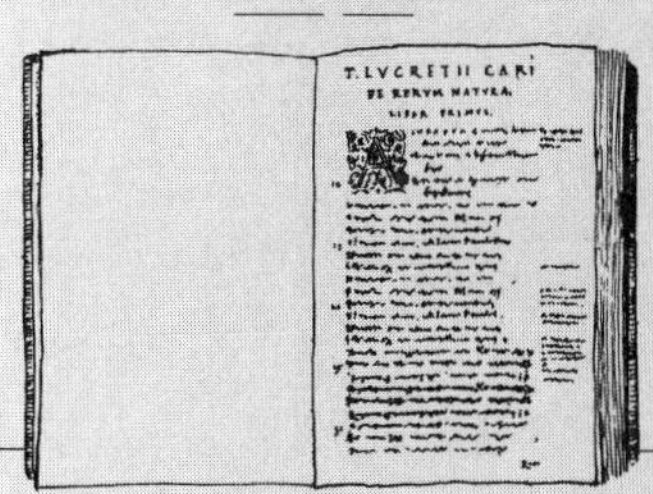

『**物**の本質について』は、世界の物質のあり方や、人の生き方について語った、物理の教本と人生論を合わせた啓蒙書のような書籍です。著者である詩人にして哲学者のルクレティウス[※1]は、師と仰ぐエピクロス[※2]の思想を韻律詩という形で残しました。その要旨は、次ページのとおりです。

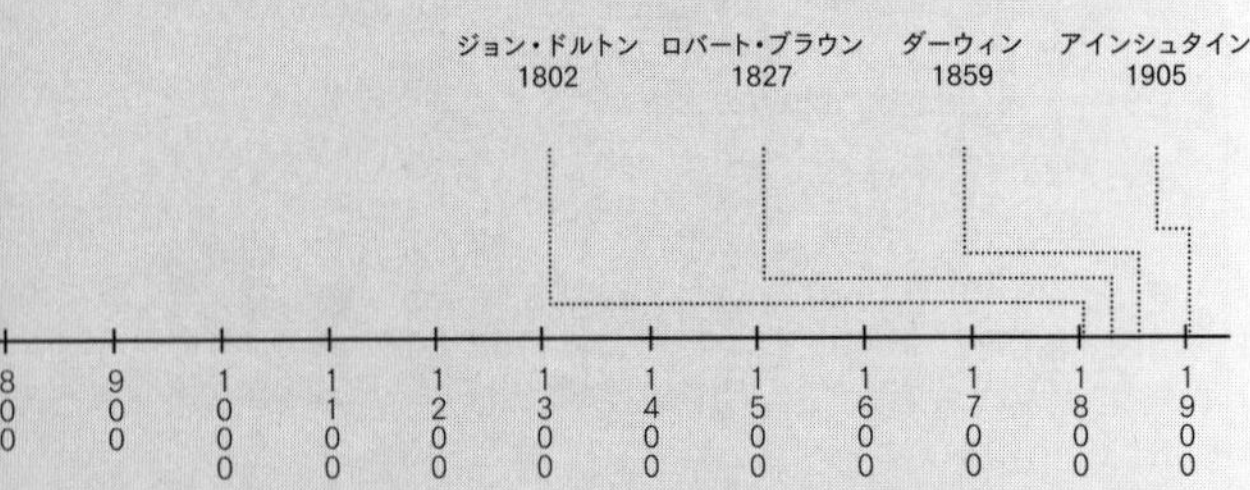

曰く、物体はそれ以上分割不可能な原子が集まってできている。

曰く、空間中の原子はそれぞれ互いにぶつかり合うことで真空中をランダムに動き回る。

曰く、生き物は世代を経て実験試行錯誤することで生存により適した形質を取得する。

曰く、死後の世界は存在せず、それについて思い悩むことは無意味である。

曰く、神が存在するとしても、そんな完璧な存在が我々如きに頓着する

『物の本質について』は、いつごろから議論されたか

※レウキッポス、デモクリトス、エピクロス、ルクレティウスの位置はおおよそとする。

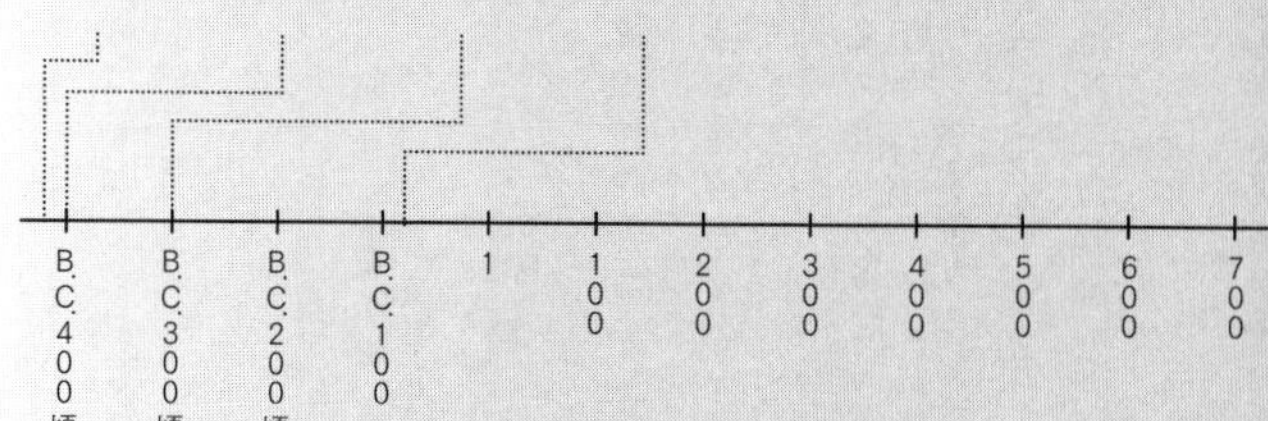

と考えるのは傲慢である。

曰く、よって祈りや神話に意味はないが、それが心の平穏に役立つのであればするといい。

現代の私たちにとっては、それほど目新しくもない内容です。ただし驚くべきは、この書物が著された年代です。

アインシュタインが原子の存在を数学的に示したのが[※3]1905年。チャールズ・ダーウィンが「種の起源」を発表したのが1859年。ロバート・ブラウンが、液体に浮いた花粉中の微粒子のランダムな軌跡を描写したのが[※4]1827年。ジョン・ドル

トンが近代的な「原子論」の原型を唱えたのが1802年。

一方、ルクレティウスが『物の本質について』を著した時期は――。

紀元前1世紀頃です。

現代的な価値観が紀元前に存在した

この書物の内容については、さらに起源をたどることができます。

著者であるルクレティウスは、エピクロスの教えをラテン語の韻律詩集の形とするためにこの書物を著しました。エピクロスは、デモクリトス[※5]の著作に影響を受け、デモクリトスは、レウキッポス[※6]に師事することでその思想を得ました。

つまり、『物の本質について』で語られている内容の素地は、じつに紀元前5世紀から受け継がれていたのです。ギリシャのトラキア地方「アブデラの広間」[※7]において、闊達（かったつ）に話し合われていたことでしょう。

では、古代ギリシャの哲学者たちがいかにして「物の本質」にいたったのか、その思考の流れを追っていきましょう。

プラトンが猛烈にライバル視したデモクリトス

午前の光が差し込むアブデラの広間にて、デモクリトスは語りました。

Q.「あるものを半分に分け、その片方をまた半分に、そのまた片方を……という作業を繰り返したとき、〝それ以上に分割のできないもの〟に到達することはあるのか」

デモクリトス「ある。仮に、限りなく分割することができてしまったとしたら、最後に行きつくのは分割しても大きさの変わらない、つまり『大きさが存在しない』『点』である。だがこの点は、幾重に重ね合わせたとしても、有限の大きさを持つ物体になることはない。よって、物質にはその大きさの下限となる、有限の大きさを持つ『原子（アトム）（分割しえぬものの意）』が存在する」

非常に単純で、かつ明晰な議論のもと、デモクリトスは「原子」の存在を言い当ててみせました。

さらにそれら原子の振る舞いについては、さらに次のように語っています。

デモクリトス「光さす中を飛び交う埃をよく見てみなさい。それらは一瞬の休止もなく頻繁に集合離脱を繰り返しながら、間断なく飛び回っている。原子もこれと同様に、『何もない』真空中に浮かぶ『在る物』として飛び回っているのであろう」

「空間を『何もない』真空が満たし、そのなかを『存在する』原子が飛び回る」というイメージは、当時では非常に突飛な考え方です。

すでに提唱されていたアルケー、つまり〝万物の根源〟とは何か？　という問いに対して、多くの哲学者たちは水や火など様々なものを候補として提唱していました。しかし、それらの多くに共通するのは、「世界は物体で満たされている」という考え方です。

「世界の根源は『水』である」と語ったタレース[※8]は、「固体⇕液体⇕気体」というように三態変化する「水」こそが万物を構成する基本要素であると考えました。空間は水で満たされており、水中を魚が泳げるのは、海が魚の正面に道を開け、同時に尾の後ろで塞がるから。鳥が飛べるのは、気体となった水が同様の働きをするから、というような理屈をつけました。

タレースやアリストテレス[※9]をはじめとする、偉大な哲学者たちが作り上げた「常識」を破るには、17世紀イタリアの物理学者、エヴァンジェリスタ・トリチェリ[※10]による「真空」の発見まで待つことになるのです。

さて、原子論をはじめとする多くの思想を作り上げたデモクリトスは、ソクラテス[※11]やプラトン[※12]と同時代を生きた人物です。アテネにも暮らしていたことがあります。しかしソクラテスやプラトンらの著作のなかに、デモクリトスの名は登場しません。

ところがディオゲネス・ラエルティオスの『ギリシア哲学者列伝』には、プラトンとデモクリトスとの関係性が分かる記述が残されています。それによると、プラトンは一時、デモクリトスを猛烈にライバル視していました。デモクリトスの著作をかき集めて燃やそうとしたが周囲から止められた、というエピソードまであります。

デモクリトスは多作な人物としても知られています。著作『小宇宙体系』の冒頭で「私はこれからあらゆることについて論じる」と書いているように、当時の自然科学、思想、政治、芸術、農業、医療、軍事など、あらゆる分野に通じた「知の巨人」でした。すでに広く普及していたデモクリトスの著作すべてを、プラトン１人で燃やし尽くすことは不可能だったでしょう。

しかし今日、デモクリトスの哲学は、アリストテレスやプラトンらに比べ知名

引用などで明らかになっているデモクリトスの著作

『ピュタゴラス』『ハデスにいる者たちについて』『トリートゲネイア』『男の卓越性について、あるいは徳について』『アマルテイアの角』『快活さについて』『倫理学覚書』『大宇宙体系』『小宇宙体系』『世界形状論』『諸惑星について』『自然について、第一』『人間の本性について、第二』『知性について』『感覚について』『味について』『色について』『種々の形態について』『形態の変換について』『学説の補強』『映像について、あるいは、予知について』『論理学上の規準について、三巻』『原因雑纂』『磁石について』『意見の相違について、あるいは、円や球との接触について』『幾何学について』『幾何学の諸問題』『数』『通約不可能な線分と立体について、二巻』『投影図』『大年、あるいは、天文学、暦』『水時計との争い』『天界の記述』『大地の記述』『極地の記述』『光線論』『韻律と調和について』『詩作について』『詩句の美しさについて』『発音しやすい文字と発音しにくい文字について』『ホメロス論、あるいは、正しい措辞と稀語について』『歌について』『語句論』『語彙集』『予後』『養生について、あるいは、養生論』『医療の心得』『時期外れのものと季節にかなったものに関する諸原因』『農業について、あるいは、土地測定論』『絵画について』『戦術論、および』『重装戦闘論』他

度が劣ります。大雑把に言えば、これはキリスト教の影響です。

古代ギリシャにおける哲学者の言葉は、聖書に次ぐ（あるいは比肩する）ほどの力がありました。とはいえ実際には、尊重されたのはアリストテレスの哲学がほとんどで、デモクリトスの思想は「異端」として、そのほとんどが焼かれてしまったのです。[※13]

アリストテレスの思想は「12世紀ルネサンス」と呼ばれる時代に、イスラム教圏からの逆輸入という形でキリスト教圏にも

たらされました。

このとき、古代の哲学者らの思想と聖書の教えとの融和を図ったのが、トマス・アクィナス[※14]をはじめとする「スコラ派[※15]」の人々です。アクィナスはその生涯をかけて書き上げた長大な書物『神学大全（スンマ・テオロジカ）』において、聖書の解釈の統一や、アリストテレス思想の合流を図りました。

アリストテレス思想の根幹を貫くのは、「物事のありようは、そのものの持つ〝目的〟によって決まる」という「目的論」でした。

アリストテレスは、観察によって「地球が球形である」と気付いていました。「月食が、太陽と月の間に地球が入るために起こるのであれば、その影の輪郭が地球の輪郭である」と看破したのです。

その後、「土はすべて『地球（コスモス）』の中心に向かうことを「目的」としている。よって、下に落下するものは、そのものに含まれた土が地球の中心に行くことを望んでいるためである」というように、万物の振る舞いを「目的」を持つものとして説明しました。

現代から見れば、アリストテレスの思想には荒唐無稽（こうとうむけい）な部分があります。しかし、哲学の一貫性や論理的な筋の通し方、そして何より言及する領域の網羅性は、1500年ほどの時を経てもなお、その思想に触れた当時の西ヨーロッパの人々に衝撃を与えたのです。

「地球は球形である」ということは、当時の航海士であれば経験的に知っている観測的事実です。それに対して、もっともらしい説明を与えられる点が、「目的論」が重用された理由です。「大地に裏側があるのなら、なぜ裏側の者たちは落下しないのか」という問いにアリストテレスは、「それらが地球の中心を〝善なる位置〟として指向しているためである」と答えたのです。この発想は、観測的事実とその「目的」を与えている神の存在とを同時に満足させるものでした。

一度は汎神論の土壌として禁書指定を受けたアリストテレスの著作ですが、その後、風向きが変わります。オーヴェルニュのギヨームという神学者が、自然哲学の研究を聖書の理解に必要なものとして推奨したのです。「神が人間の知性の視界のうちに置かれた〝自然の書物〟を読み解くことで、この世界が神の被造物であることがより明瞭になる」とギヨームは主張しました。これに共感したドミニコ会派の修道士らもギヨームに続きました。彼らのようなアリストテレス思想と聖書の思想を統合し神が創造した世界をよりよく知ろうという人々は、過去の文献を学校（スコラ）で紐解き互いに議論したことから、「スコラ派」と呼ばれます。

死におびえるより、いまを楽しく生きよう

さて、アリストテレスに遅れること数百年、ルクレティウスの『物の本質について』に書かれたデモクリトスやエピクロスの思想は、決定的にキリスト教の思想と相容れない点がありました。

目的論で世界を解釈していたアリストテレス思想は、解釈次第では「魂の不滅」「神の国」「死後の救い」といった、キリスト教の主要な教義を損なうことなく統合可能でした。

一方で、原子論に基づいて世界を解釈したエピクロスは、魂は肉体の消滅とともに霧消すると明言していました。エピクロスの主張は、当時のカソリック教会が説いていた世界観を根底から覆すものだったのです。

免罪符の収益など、教会主導の既得利権を脅かすだけではありません。当時の倫理・道徳は、教会の教えを支柱としていました。その教えを否定するようなエピクロスの思想は、社会秩序そのものを揺るがしかねない「思想的テロリズム」と言っても過言ではなかったのです。

中世、治安維持のための組織を行政が十分に行使することができなかった地域では、秩序の維持に最も有効なのは、信仰という名の枷(かせ)でした。教会は、絶対的な恐怖の対象である「死」という現象に対して、「死後の復活」という〝救い〟と、「地獄」という〝罰〟を用意することで、人々に対して「善く生きる」よう求めました。つまり、この秩序を維持しているものは「死は恐ろしいものであり、善く生きればその恐怖を乗り越えられる」という信仰にほかなりません。

しかし、エピクロスはこの「死」という現象に対し、こう言い切ります。

「死は我々にとって何ものでもない。（中略）なぜなら、我々が存する限り、死は現に存せず、死が現に存するときには、もはや我々は存しないからである」

『エピクロス』（出隆、岩崎允胤訳、岩波文庫）より引用

シンプルすぎて笑いすらこみ上げてくる論理です。

この思想はある種、「わざわざ外部から規範を持ち込まずとも、人は善く生きることができる」という、人に対する信頼に裏付けられた言葉です。

「死んだあとの救いを求めて現世の苦痛を受け入れるのではなく、今生を楽しく生きよう」——。しかし当時の情勢は、このような思想を受け入れるにはあまりにひどすぎました。

ペストの蔓延、宗教改革前夜の戦乱などがヨーロッパ全土へと広がり、道端には日ごと死体が積み重なるような状況です。「死後の救いなどない」という、ある意味で悲観的な思想は、多大な労力や特別な幸運抜きに「現世を楽しく生きる

ことのできる」人々にのみ許された贅沢でした。

エピクロスの思想に共感する人々を「エピキュリアン」と呼びますが、これは現代では「快楽主義者」を指す言葉となっています。これも当時のプロパガンダがうまくいった証拠です。エピクロスの思想を忌避した教会は、エピクロスを「現世の献身や慎みを否定し、堕落へと誘う快楽主義者」と見なし、ワインに酔い、美食に溺れるならず者のように扱いました。エピクロスは、むしろ真逆のことを言っているにもかかわらず、です。

「身体の快楽とは腹の快楽である。と言っても、暴食しても腹が苦しくなるだけで『快』には程遠い。良いものを適度な分量だけ摂るのが最も身体に心地良い」

「欲望を最小に留めれば、満たされないことからの苦痛から解放される」

印象操作というものは恐ろしいもので、エピクロスやルクレティウスの思想は、原子論とひっくるめて異端の烙印を押されることになります。

こうして永久に葬られたかに思えた『物の本質について』を、1417年になって歴史の泥流から救い出したのは、ジャン・フランチェスコ・ポッジョ・ブラッチョリーニという、ルネサンス朝のブックハンターでした。[※16]

当時、古書を探す場所として最も有力なのは、各地に点在する修道院です。修道士たちは、日々の祈りや雑務のない時間に、もっぱら筆写という「労苦」を積極的に行い、精神の研鑽に努めていました。そこでは、たとえ異端の思想であろうとも、文字さえ並んでいれば、修行の一環として書き写され、脈々と受け継がれていたのです。

古代の英知を焼いたのが信仰であるなら、それらを守ったのもまた、信仰の別の形だったということです。

ブラッチョリーニが『物の本質について』の写本を見つけ出したのは、中部ドイツのローヌ川とフォーゲルスベルク山地に挟まれた、ベネディクト会派のフルダ修道院であると言われています。

『物の本質について』にブラッチョリーニが見出した価値は、じつは内容ではなかったと思われます。キリスト教世界の価値観を丸ごと揺るがすような記述だと理解していれば、おいそれと公表を急ぐことはなかったでしょう。

ブラッチョリーニを魅了したこの本の価値——。それは、この本が全編ラテン語による六歩格詩[※17]（ヘクサメトロス）で書かれた、詩として非常に技巧的かつ芸術的価値の高い「作品」だったからです。韻律詩として描かれたその本は、無神論的な性格を持つ内容に反して、じつはギリシャの神々への賛美で始まっているのです。

ブラッチョリーニはその本を見つけるやいなや、付き人に即座に筆写を命ずると、その後それをフィレンツェの友人であるニッコロ・ニッコリ[※18]に送りました。

ニッコリもまたブックハンターとして知られる人物です。パトロンであるメディチ家[※19]の財産を湯水のようにつぎ込み、古書のみならず古代ギリシャの美術品をかき集めた数寄者（すきもの）でした。ニッコリは死後、自身の蔵書を「広く一般に公開する」ことを条件に修道院に寄付しました。これは長らく知識が教会や大学に独占されていた時代における「市民」図書館の復興とされています。

余談ですが、ブラッチョリーニとニッコリが発掘した書物は、出版に際して、2人の筆跡をもとに活字が組まれました。2人は筆写の名手としても知られており、活版印刷の隆盛する時代に活字の参考とされたのです。

現在、ローマン体として知られる書体はブラッチョリーニが書記官時代に開発した字体をもとに作られています。イタリック体として知られる書体はニッコリの筆跡をもとに作られています。

こうして『物の本質について』は、フィレンツェからヴェネチアへと送られ、その後の出版革命に乗じて、ヨーロッパ全土へと広がりました。信仰という障壁の隙間をかいくぐることに成功したのです。

この本は、単なる古い哲学書ではありません。「誰の本棚に収められていたのか」を追っていけば、この本が現代の私たちにどれほど影響を与えたかが分かるでしょう。

マキャベリ、ガリレオ、ニュートンは、どう読んだか

15世紀に発掘されたこの本は、現在まで50冊以上の写本が見つかっています。そのなかでもバチカン図書館で発見された1冊は、長らく筆記者が不詳のままでした。１９６０年代の筆跡鑑定で、ようやく明らかになった文字の主の名は、ニッコロ・マキャベリ[※20]。『君主論』の著者として知られる人物です。

几帳面に筆写された本文のほかにも随所に書き込まれた脚注は、たいへん熱心に読み込んだことを意味しています。「君主は個人的な道徳よりも政治的な道徳を優先し、多少のあくどいことはむしろ率先してすべきである」というマキャベリの権謀術数(けんぼうじゅっすう)主義の思想は、信仰の倫理に縛られた者からは、まず生まれ得ぬものです。

「活版印刷」を発明したのがヨハネス・グーテンベルク[※21]であるのなら、「出版」を商業として確立したのは、アルドゥス・ピウス・マヌティウス[※22]です。彼がいたヴェネチアは、他のヨーロッパ諸国に比べ、禁書体制が緩い土地でした。それもあって、マヌティウスはカソリック教会指導下の禁書体制において、商業的に最も成功した出版業者の1人になりました。とくに画期的だったのは、書籍に「目次」「ノンブル[※23]」をつけて検索性を高めたことです。さらに、「八つ折り判」と呼ばれる、手のひらサイズの書籍を発明したことでも知られています。

マヌティウスはギリシャ語に堪能であり、古書を読み解くことができました。加えて知識階級の人々とも深い繋がりを持っていたことも、彼の成功を後押ししています。独自の販路を通じて教会の目をかいくぐり、古代の人文書を翻訳・出版し、ヨーロッパ中へと広めたのです。

1473年、ヴェネチアで発行された『物の本質について』は、たちまち多くの知識人の目に触れることとなります。ヴェネチアのパドヴァ大学で教鞭をとっていたガリレオ・ガリレイ[※24]もその例にもれません。

ガリレオの裁判記録によれば、彼が有罪とされる根拠は地動説の教えだけではありませんでした。『物の本質について』の原子論を引用し、支持したことも含まれています。

カソリックの影響を受けない英国国教会下のイングランドで、ケンブリッジ大学に通うある学生が『物の本質について』のラテン語版を入手しました。その現物は学生が繰り返し使用したために、多くの書き込みが入った形でいまも残されています。『物の本質について』に書かれた、

重いものは、それ自身では、自らの本性に従って、もし外部の力によって邪魔されなければ、上から落下する時、斜めに進みえない。

という言葉は、その学生、アイザック・ニュートン[※25]に慣性力の存在を発想させるために十分な示唆となりえたでしょう。

ダーウィン一族は、どう読んだか

その本は、18世紀のとある詩人の本棚にも見つけられます。

エラズマス・ダーウィンという名の詩人は、医師や自然哲学者など様々な顔を持っていました。『物の本質について』の詩的な美しさに魅了され、自身もその知識や哲学を詩の形で残しました。彼が著した『植物の園』は、植物の分類や生態を幻想的な文体で表現したもので、本文よりも脚注のほうが多いという異色な作風となっています。

現代でエラズマスという名を知る人は、あまりいないでしょう。むしろその孫である、チャールズ・ダーウィンの勇名が際立っています。じつはエラズマスは、チャールズに先駆けて「進化」――すなわち、生物の種が他の種から現れるという発想――を生物学に取り入れた人物の1人なのです。※26

チャールズは祖父を、科学よりも詩情に偏っていると批判しています。とはいえ、孫として導き出した「科学の思想（＝進化論）」は、祖父の影響を強く受けたものであることは確かです。

『物の本質について』には、進化論の萌芽とも言える、創造論に真っ向から反対した次のような記述があります。

視力は目が生まれる前には存在せず、話す能力は舌ができる前には存在しなかった。

言葉よりも先に舌が生まれ、また音が聞こえるはるか以前に耳は生じていたのだ。

一部の現代人がいまだに「目は物を見るために何者かにデザインされたとしか思えない」などといったことを議論していると知ったら、ルクレティウスたちはどんな顔をするでしょうか。

ボッティチェリは、どう読んだか

魅了されたのは、学者だけではありません、画家であるサンドロ・ボッティチェリ[※27]もその1人です。代表作である「ヴィーナスの誕生」は、ルクレティウスの詩に触発されたものだと言われています。

彼のパトロンであるメディチ家は、カソリックとの親密な関係にあった一族です。しかし一枚岩ではなく、ギリシャ多神教が信仰されていた時代に傾倒する人々もいました。一族の1人に依頼されて描き上げたその絵は、当時のフィレンツェにおいては非常に危険とされる、異端の神々を賛美する絵画です。

肌を大きく曝け出し、うなじを傾げる様は官能的で、禁欲的な暮らしを善とする当時のキリスト教的価値観では、「多神教の賛美」と「異端の官能の表現」という二重に罪深い作品でした。ボッティチェリ自身ものちに、厳格なドミニコ会司祭ジロラモ・サヴォナローラに感化されてしまい、描き上げた作品を「虚栄の焼却」[※28]へと投げ込んでしまいます。そのため、同時代における多神教の神や、裸婦を描いた絵画はほとんど残っていません。「ヴィーナスの誕生」は、絶大な権力を持つメディチ家の別荘に飾られていたため「虚栄の焼却」を逃れたのです。

そして、「自由の国」の礎となる

19世紀の初め、アメリカ合衆国第3代大統領、トマス・ジェファーソン[※29]の書斎にもその本は見つけられます。彼の本棚には、『物の本質について』のラテン語版が少なくとも5冊、イタリア語版、英語版、フランス語版が置かれていました。トマス・ジェファーソンは、『物の本質について』の個人の自由意思を尊重する思想に深く共感しました。ジェファーソンが書いた文書として最も有名な、「独立宣言」草稿には、その影響を感じさせる一文が差し入れられています。

我らは次のことが自明の真理であると見なす。すべての人間は生まれながらにして平等であり(中略)、生存、自由そして幸福の追求を含む侵すべからざる権利を与えられているものである。

＊

――以上が、『物の本質について』に関する紹介です。

ここまで、本書が「いかに先進的な視点を持っていたのか」という点について語ってきましたが、これは意図的に美化した切り口です。

「現代における知識・思想のほとんどを、発掘された古代の文献がほぼすべて先取りしていた」という衝撃は、容易に信仰へと取って代わりうるものです。たとえば12世紀にアリストテレスの思想と出合ったキリスト教徒の人々は、同様の衝撃を受けたでしょう。この衝撃こそがスコラ哲学の揺籃となったのです。また、『アルマゲスト』を初めて読んだキリスト教徒の人々も、似たような衝撃を受けたでしょう。神の世界の法則という「信仰」の天蓋に、ついに「理論」の支柱を得た――。そう考えたはずです。

ルクレティウス自身も、『物の本質について』において「神は存在しない」とは一言も言っていません。先ほど紹介したアメリカの「独立宣言」も、中略部分を省かないと次のようになります。

われわれは、以下の事実を自明のことと信じる。すなわち、すべての人間は生まれながらにして平等であり、その創造主によって、生命、自由、および幸福の追求を含む不可侵の権利を与えられているということ。

このように、かの国は建国当初より「信仰」と「自由」という、2つの側面を持った国でした。

科学の世界でも、イノベーションやブレイクスルーといったものは、一見関わりのない2つの領域同士を結びつけることによって起こります。「地上」と「天上」を結びつけた「万有引力」。「磁力」と「電力」を結びつけた「マクスウェル方程式」。「時間」と「空間」を結びつけた「一般相対性理論」。

古代からもたらされたアリストテレス哲学を信仰に結びつけた、トマス・アクィナス。

そして、祖国から持ち込んだ「信仰」に、古代から掘り出された「自由」という概念を結びつけることに成功したアメリカが、現在、世界唯一の「超大国」を名乗っているのは非常に興味深いところです。

脚注

[224ページ出典]『カラマーゾフの兄弟〈上〉』（ドストエフスキー著、原卓也訳、新潮文庫）

※1 Titus Lucretius Carus（B.C.99年頃〜B.C.55年）。共和制ローマ期の詩人、哲学者。

※2 Epikouros（B.C.341年頃〜B.C.270年頃）。古代ギリシャのヘレニズム期の哲学者。

※3 のちに「奇跡の年」と呼ばれることになる。

※4 のちに「ブラウン運動」の名で知られることになる。

※5 Democritus（B.C.460年頃〜B.C.370年頃）。古代ギリシャの哲学者。

※6 Leucippus（B.C.470年頃〜?）。古代ギリシャの哲学者。

※7 古代ギリシャの都市国家のひとつ。

※8 Thalés（B.C.624年頃〜B.C.546年頃）。古代ギリシャの哲学者。

※9 Aristotelès（B.C.384年〜B.C.322年）。古代ギリシャの哲学者。

※10 Evangelista Torricelli（1608年〜1647年）。イタリアの数学者、物理学者。

※11 Socrates（B.C.470年／B.C.469年〜B.C.399年）。古代ギリシャの哲学者。

※12 Platon（B.C.427年〜B.C.347年）。古代ギリシャの哲学者。

※13 じつは、16世紀頃において絶対的な権威を誇っていたアリストテレスの思想も、翻訳された当初（12世紀頃）は「多神教が牛耳っていた時代における、異端の思想」として、禁書扱いを受けた。

※14 160ページ※11参照。

※15 160ページ※12参照。

※16 Gian Francesco Poggio Bracciolini（1380年2月11日〜1459年10月30日）。ルネサンス期イタリアの人文主義者。

※17 詩形のひとつ。1行が6つの韻脚からなる詩。

※18 Niccolò Niccoli（1364年〜1437年）。ルネサンス期イタリアの蔵書家、人文主義者。

※19 161ページ※17参照。

※20 Niccolò Machiavelli（1469年5月3日〜1527年6月21日）。ルネサンス期イタリアの政治思想家、フィレンツェ共和国の外交官。

※21 33ページ※6参照。

※22 Aldus Pius Manutius（1450年頃〜1515年2月6日）。ルネサンス期イタリアの古典学者、印刷業者。「商業印刷の父」と言われる。

※23 ページ番号の表示のこと。

※24 161ページ※15参照。

※25 59ページ※７参照。

※26 エラズマス以前から、このような考え方自体は存在していた。有名なのはフランスのラマルク。なお、ダーウィン自身は当初、「進化(evolve)」という言葉を使っておらず、この現象を「転成(transmutation)」と呼んでいた。

※27 Sandro Botticelli(１４４５年?～１５１０年)。ルネサンス期イタリアのフィレンツェ生まれの画家。

※28 イタリアのフィレンツェ当局が罪とした、化粧品、芸術、書籍、トランプなどをサヴォナローラの支持者が、かがり火で燃やした。

※29 Thomas Jefferson(１７４３年４月13日～１８２６年７月４日)。アメリカ合衆国の政治家、第３代アメリカ合衆国大統領。

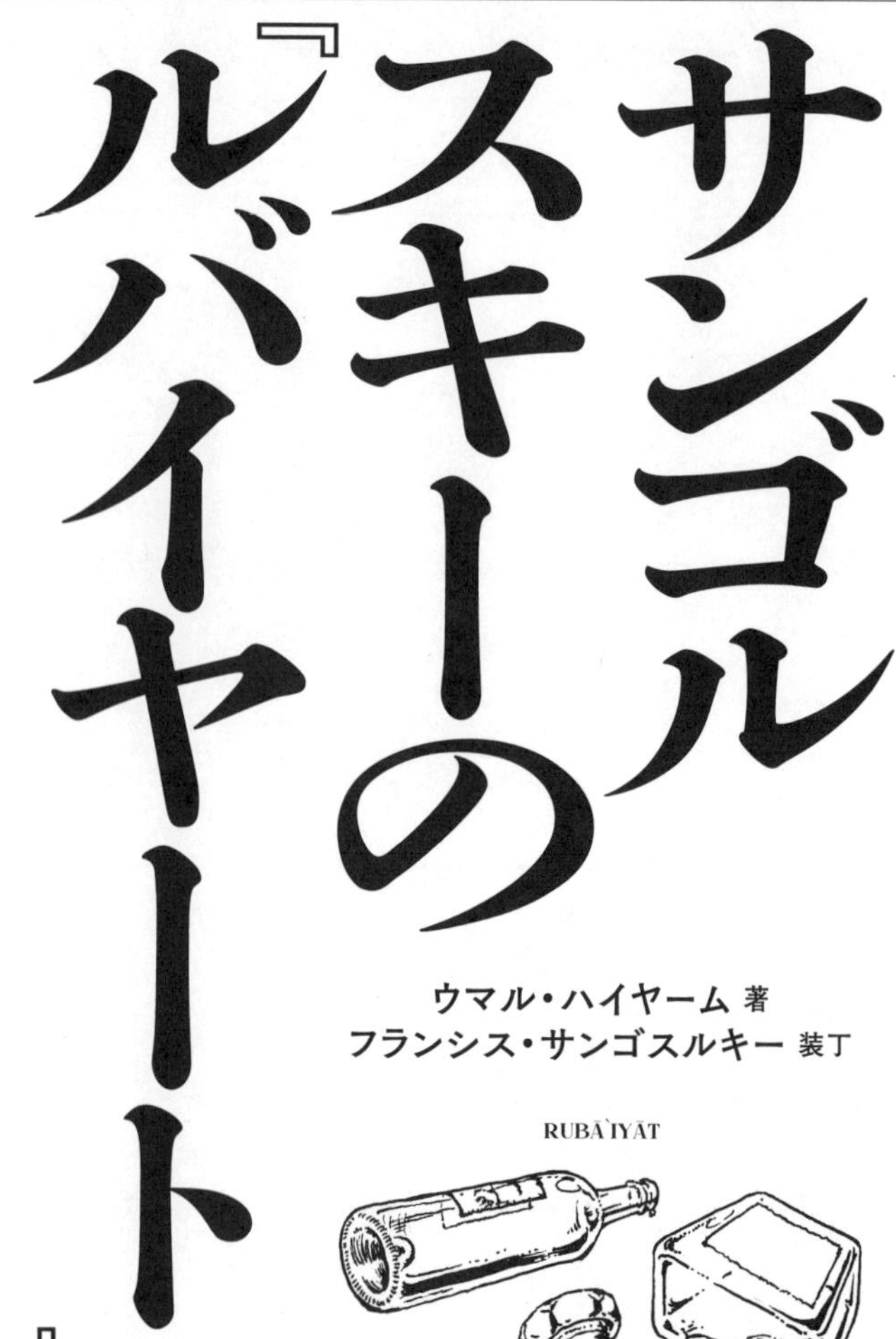
サンゴルスキーの『ルバイヤート』
ウマル・ハイヤーム 著
フランシス・サンゴスルキー 装丁
RUBĀ`IYĀT

09

読めば酒に溺れたくなる、水難の書物

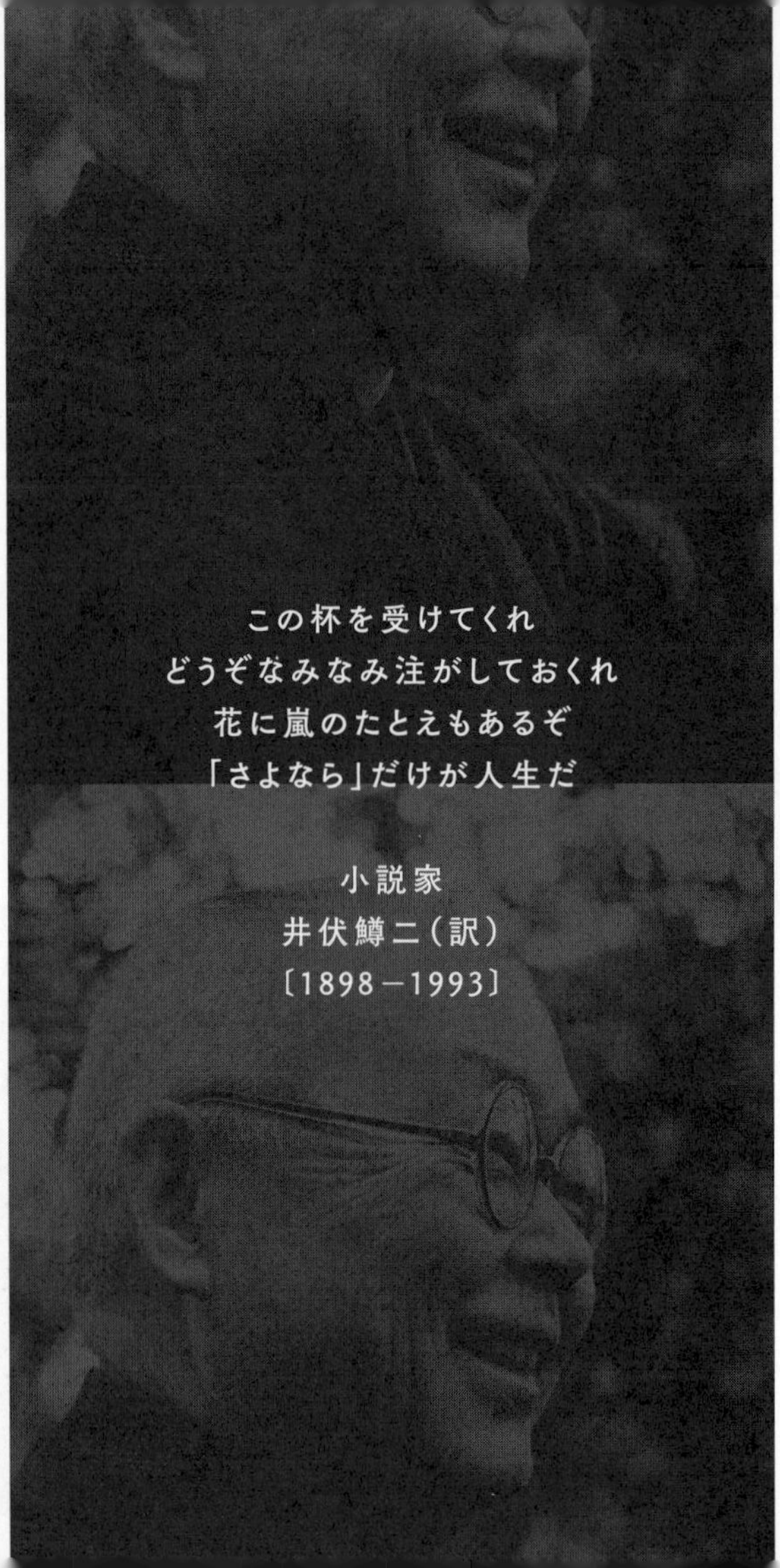

この杯を受けてくれ
どうぞなみなみ注がしておくれ
花に嵐のたとえもあるぞ
「さよなら」だけが人生だ

小説家
井伏鱒二（訳）
〔1898－1993〕

09

「サ[※1]ンゴルスキーの『ルバイヤート』は、1911年、イギリスで書籍の装丁を専門に手がける、サンゴルスキー&サトクリフ社が製本した宝石装丁の豪華本です。

また、元となる『ルバイヤート』は、ペルシャ（現在のイラン）の詩人ウマル・ハイヤームが11世紀頃に著した詩集です。

「この世で最も美しい本」を作った男たち

14世紀までの中世ヨーロッパでは、本は1冊ずつ書き写して作成していました。そのため当時の本は、「読むため」のものというよりは、「所有する」ことに価値が見出されたのです。たとえば、聖書の写本は存在そのものが権威の象徴です。重厚で豪華な装丁に仕上げることは、その存在をさらに高みへと押し上げる効果を持っていました。

15世紀以降、活版印刷技術により書籍の大量生産が可能になりました。一般の人々も手に取りやすくなったことで、書籍の価値は、より本義に近い「読む」ことへ比重を移していったのです。

そして時は過ぎ20世紀初頭、「所有する」という価値観の復権をもくろんだ2人の男が現れます。

フランシス・サンゴルスキー[※2]とジョージ・サトクリフ[※3]は、ロンドンにある工芸学校の製本科で知り合いました。彼らは互いの技量や、本の持つ美術的価値についてすぐに意気投合します。工芸学校を優秀な成績で卒業し、数年間工房に所属して実務を学ぶと、1901年、ブルームベリー広場に彼らの合同会社、「サンゴルスキー&サトクリフ社」を設立したのです。

サンゴルスキー&サトクリフ社は、通常の印刷業務の傍ら、夢であった「美術品としての本」の製作に乗り出します。1905年、2人はエドマンド・スペンサーの『恋愛小曲集と祝婚歌』を、1点物の書籍として製作しました。完成した表紙は繊細な刺繍で彩られ、中央にはめ込まれた6個の真珠が上品に華を添え、多くの美術商の目に留まることになりました。

その後1907年、ヘンリー・サザラン[※4]書店の支配人直々の依頼で、宝石本の製作に着手します。これをきっかけに、サンゴルスキー&サトクリフ社は、イギリスやアメリカの愛書家たちから注目を集めることになりました。

そして1909年、再びヘンリー・サザラン書店から「この世で最も美しい『ルバイヤート』を作ってほしい」という依頼が舞い込みます。そこで作り上げたのが、「サンゴルスキーの『ルバイヤート』」です。

ところがその後、この書籍に関わった人々は、決して幸福とは言えない数奇な運命をたどることとなるのです。

売り手と買い手の貪欲な駆け引き

ヘンリー・サザランの依頼を受けたサンゴルスキーは、数カ月の間「最も美しい本」にするためのデザイン作業に没頭し、さらに2年の歳月をかけて製本しました。

表紙には翼を広げた3羽の孔雀。さらに大小合わせて1050個もの宝石で飾られています。古（いにしえ）のペルシャを思わせる意匠は、当時の専門家たちの目から見ても「古今を通じ、おそらく最高の装丁」と評される仕上がりでした。

1911年に完成したこの「サンゴルスキーの『ルバイヤート』」は、ジョージ5世の即位を記念するサザラン書店の販売目録に目玉として掲載されました。

絢爛豪華な佇まいと、著者である「オマル（ウマル）・ハイヤーム」の名前を取り、人々から「グレート・オマー」と呼ばれました。価格は５０００ドル。現在の日本円に換算すると、およそ２０００万円の価値です。

目録に掲載されるやいなや「サンゴルスキーの『ルバイヤート』」にはすぐに買い手がつきました。真っ先に手を挙げたのは、アメリカの著名な作家にして書籍販売業者だった、ガブリエル・ウェルズ[※5]です。

ウェルズは１０００ドル値切って４０００ドルでの購入を希望しました。しかし、サザラン側は「４５００ドルが限度である」とはねのけます。

続いて現れたのは、ニューヨークのとある個人。彼は４２５０ドルで購入を希望し、サザラン側もこれに同意しました。ところが今度は、輸入関税が高額になるという問題から商談は立ち消えとなってしまいます。

そうこうするうちにサザラン側は、製本代の支払いが遅れたことでサンゴルスキー＆サトクリフ社とトラブルになります。焦ったサザラン書店は「サンゴルスキーの『ルバイヤート』」をサザビーズのオークションへと出品しました。

これを好機と捉えたのが、最初に買い手として名乗り出たガブリエル・ウェルズです。彼は、ロンドンの代理人を通じて競売に参加し、2050ドルという当初の半値以下で手に入れることに成功したのです。

満願叶って手に入れた品です。ウェルズは落札した「サンゴルスキーの『ルバイヤート』」を、万全を期してイギリスからアメリカへと輸送するため、当時、〝絶対安全である〟と喧伝されていた〝とある客船〟に積み込むことにしました。

豪華客船とともに沈んだ豪華本

1912年4月10日、イギリスのサウサンプトン港を出たその船の名は、「タイタニック号」。「不沈船」という触れ込みのもと、堂々たる処女航海に乗り出した、当時において世界最大の豪華客船です。

サウサンプトンを出港して4日後の4月14日深夜、タイタニック号の見張りを務めていたフレデリック・フリートは、前方450mに高さ20m弱の氷山を発見しました。直ちに警鐘を鳴らしブリッジへと連絡。知らせを受けた一等航海士ウィリアム・マクマスター・マードックは即座に操舵手へ「取り舵一杯」を指示すると、機関室にも「後進一杯」の伝令を送ります。

しかしすべては遅く、フレデリックが異常を発見してからわずか数十秒ののち、タイタニック号は氷山と激突してしまうのです。

この事故による犠牲者数は、伝えられているところでは1500人にも上り、史上最大の海難事故として世界中に衝撃を与えます。

そして、多くの尊い命とともに「サンゴルスキーの『ルバイヤート』」もまた、水底へと沈んでいったのです。

さらに続く、『ルバイヤート』の悲劇

「サンゴルスキーの『ルバイヤート』」にまつわる不幸は、これだけにとどまりま

せん。

タイタニック号の事故からわずか2カ月半後、装丁を手がけたフランシス・サンゴルスキーは、サセックス州の海岸で波にのまれ溺死、37歳の若さでこの世を去りました。

その後、サンゴルスキー&サトクリフ社に入社したジョージ・サトクリフの甥、スタンレー・ブレイは、社に保存されていた下絵から7年の歳月をかけて当時の複製を作り上げました。

ところがその完成後程なく、まるで書籍自身がこの世に存在することを拒んでいるかのように、本書は再びの悲劇に見舞われるのです。

時代は第二次世界大戦の只中。複製版「サンゴルスキーの『ルバイヤート』」はロンドンの地下金庫に厳重に保管されていました。にもかかわらず、ドイツ軍の空襲による直撃弾を受け、焼失してしまったのです。

タイタニック号の歴史的大事件。

製作者の溺死。

それに次いで複製すらも失われてしまう——。

「サルゴルスキーの『ルバイヤート』」の来歴は、たとえ偶然の範疇（はんちゅう）であっても、人々の噂を呼ぶことになります。曰く、「ルバイヤートの呪い」「所持者をことごとく不幸にする呪いの書」といった具合に、各種のオカルト書籍のなかで、まことしやかに語られました。

しかし、先に紹介したエピソードからも分かるとおり、実際には本書には正確な「所持者」と言える人物は存在していません。実質的に最も長く所有したことになるヘンリー・サザラン書店は、現在でも「世界最古」の看板を掲げる古書店としてグレートブリテンに鎮座しています。また、ブレイはその後2冊目の複製に挑戦し、48年という歳月を費やして、１９８９年に完成させました。これは現在、大英博物館に無事収蔵されています。

——以上が、「グレート・オマー」こと、「サンゴルスキーの『ルバイヤート』」に関する紹介です。ここまでは、サンゴルスキーの手によって製本された1冊、正確には複製を含めた3冊が「どのような来歴をたどったのか」という書籍の〝外側〟の面にフォーカスしました。

では、肝心の『ルバイヤート』とは、どんな内容の書物だったのでしょうか。書籍の〝内側〟の面を覗いたとき、そこには「呪い」を呼び寄せるほどの、おぞましいことが書かれているのか――。

ここからは、原典となる『ルバイヤート』の記述と、著者であるウマル・ハイヤームについて追っていきます。

ウマル・ハイヤームとは何者なのか？

「ルバイヤート」とはアラビア語で「四行詩」を表す「ルバーイー」の複数形、つまりそのものずばり「四行詩集」を意味します。

ただ、現代において「ルバイヤート」と呼ぶ場合、ウマル・ハイヤームによって編まれたとされる書物を指すことがほとんどです。

「サンゴルスキーの『ルバイヤート』」では、イギリスの詩人、エドワード・[※6]

フィッツジェラルドによる英語訳が採用されています。フィッツジェラルドは、1859年、欧米ではまだ知られていなかった『ルバイヤート』を翻訳、出版し、自身とウマルの名を世間に広めました。初版は250という少部数でした。その後、口コミで徐々に発行部数を増やし、最終的には英語のみならずフランス語、ドイツ語、ロシア語、イタリア語など各国で翻訳されています。現在はアジア圏の書物の翻訳版としては、欽定訳聖書に次ぐ広がりを見せたとも言われています。

ウマル・ハイヤームは、現在のイラン北東部、ニシャープールで生を享けました。父親は天幕作りの職人で、「ハイヤーム（天幕造り）」の名も、そこから取られた通称です。幼い頃より様々な学問で才覚を発揮し、特に天文の分野の才能に恵まれていました。当時のスルタン（君主）マリク・シャーに招聘（しょうへい）され、国家の一大事業である暦の作成にも携わりました。このように、もともとは詩人というよりは数学者、天文学者として名を残した人物だったのです。

かつて隆盛を誇ったギリシャ哲学は、ポリス間の闘争を経て弱体化を続けました。ビザンチン帝国によるアカデメイアの閉鎖、および、キリスト教徒とイスラーム教徒の2度にわたる襲撃でアレキサンドリア図書館が破壊され、古代の哲学は途絶えたかに見えました。ところが、イスラーム・アラブ帝国がウマイア朝からアッバース朝に変わり、首都がダマスカスからバグダードに移ると、事情が変わります。アッバース朝の人々は、エジプトやバビロニアから継承した技術を下地に、猛烈な勢いで各国の学術書、哲学書を集め、翻訳し統合したのです。

ギリシャ哲学、特に天文におけるイスラーム世界の貢献は無視できません。9世紀アッバース朝の第7代カリフ・マームーンは、「夢枕に預言者（ムハンマド）が現れ、神の言葉とギリシャ哲学は矛盾しないと保証した」と語り、ギリシャ哲学の翻訳と研究を奨励しました。首都バグダードには「知恵の家」と呼ばれる公的機関が設立され、各国の文献の翻訳が大々的に行われました。ムハンマドの言行録にある「知を求めることはすべてのムスリムの義務」やクルアーンの「哲学者のインクは殉教者の血よりも尊い」などといった言葉もそれを後押ししました。

これにより、過去の自然哲学的な見解を公に議論することが許され、ギリシャ哲学はイスラーム世界で保護され、発展したのです。

「詩人」として知られることを嫌った理由

ウマルは同時代を生きる人から、最大級の尊敬を受けた賢者の1人です。「大顧問（カウンセラー）」「真理の証」「世界の哲学者」など、ウマルを称える呼び名は多く残されています。

なかでも最大の功績は「ジャラーリー暦」の作成です。これは、ウマルをはじめとする7人の学者たちが「1年を365.24219858156日」とした暦で、なんと現代の私たちが基準とするグレゴリオ暦（365.2425日）よりも高い精度を誇ります。[※7]

ほかにも、数学における3次方程式の解法の一般化や二項展開の発見など、数学者としての実績も数多く持ちます。しかしその一方で、彼の詩人としての顔を知る者は生前にはほとんどいませんでした。

というのも、ウマルは『ルバイヤート』の詩作をもっぱら、昼間の業務（数学者・天文学者）を終え、帰宅してから行っていたのです。

ウマルは、アリストテレス哲学をはじめとする四元素説などの自然哲学や、ユークリッド幾何学を学びました。しかしこのときウマルは、これらの学問が〝明らかにする世界〟と、クルアーンで語られている〝真実〟との間にある大きなギャップに気づいていたのです。ウマルは「学問」と「教え」の板挟みになります。そしてイスラーム教で禁じられていた酒の盃を傾けつつ、人知れず詩作を続けます。書き上げた内容は、必然的に「反イスラーム的」な内容を多く含んだものになりました。

賢明だったウマルは、生前にその詩作を表に出すことはほとんどありませんでした。そのため、詩人として知られずにいたのです。

> 信ずる人々よ、酒、賭矢、偶像、矢占いは、どれもいとうべきものであり、サタンのわざである。それゆえ、これを避けよ。そうすれば、おまえたちはおそらく栄えるであろう。
>
> （クルアーン第5章－90）
>
> 『コーランI』（藤本勝次ほか訳、中央公論新社）より引用

恋する者と酒のみは地獄に行くと言う、
根も葉もない囈言（たわごと）にしかすぎぬ。
恋する者や酒のみが地獄に落ちたら、
天国は人影もなくさびれよう！

『ルバイヤート』（オマル・ハイヤーム著、小川亮作訳、岩波文庫）より引用

ウマルはその非凡な知性と忍耐でもって、自身の信条が宗教的な正当性からどんどん離れていくことを隠し通しました。その様子は、生前のウマルに対する批判的な言葉からも見て取れます。

「ハイヤームは、膨大な知識を持っているのにもかかわらず、それを共有しようとせず、教え渋るばかりだ」

ウマルが網羅した学問は、哲学、数学、天文学、医学。さらにはクルアーンの精読と解釈講義にも通じ、当時の宗教家たちの質問に対しても即座に的確な返答ができたそうです。しかしその一方で、著作を残したり、議論を交わすことに対しては消極的だったため、周囲からは「教え渋りだ」と批判されることもありました。

もしも著作を出して、合理的な議論に持ち込んでしまったら、自身の宗教観に対する疑念を隠しきれない——。そんな不安がウマルにはあったのでしょう。

造物主が万物の形をつくりだしたそのとき、
なぜとじこめたのであろう、滅亡と不足の中に？
せっかく美しい形をこわすのがわからない、
もしまた美しくなかったらそれは誰の罪？

『ルバイヤート』（オマル・ハイヤーム著、小川亮作訳、岩波文庫）より引用

アッバース朝では、哲学が推奨されていました。ところがウマルが生きた時代

のセルジューク朝においては、トルコ人であるトゥグリル・ベクが初代スルタンとして実権を握って以降、宗教的な締め付けが一層強くなっていたのです。賢人として知られた者であっても、イスラーム教に反する教えを広めれば処刑は免れない――。そんな時代にもかかわらずウマルは、3代目スルタン、マリク・シャーに重用されていました。政治的な立ち回りのうまさは、相当なものだったと言えます。

ウマルが古代ギリシャの自然哲学から読み取ったのは、「万物は流転し、何ひとつとどまらず、この世はひと時の幻である」という思想です。ペルシャという国の土地柄も手伝い、人は死して土に還り、その土はいずれ壺や盃になるのだという死生観が生まれました。

ペルシャの国の日常は、砂と共にあります。現代でも、イランの人々は日本人が花見に行くのと同じような感覚で、過ごしやすい季節になると砂漠へピクニックに出かけます。砂の上にペルシャ絨毯を広げ、飲み食いする様子は日本人から見ると冗談のような風景に映りますが、この地域性は四元素説とよく馴染んだようです。

人情(こころ)知る老人よ、早く行って、
土ふるいの小童の手を戒めてやれ、
パルヴィーズ[※8]の目やケイコバード[※9]の頭を
なぜああ手あらにふるうのかえ！

『ルバイヤート』（オマル・ハイヤーム著、小川亮作訳、岩波文庫）より引用

人の体は砂粒が一時的に集まった姿にすぎず、その人生に意味を求めるのは空しい——。ともすれば悲観主義に陥りそうなこの世界観に対し、ウマルは次のように言い放ちます。

さあ、起きて、嘆くなよ、君、行く世の悲しみを。
たのしみのうちに過ごそう、一瞬(ひととき)を。
世にたとえ信義というものがあろうとも、
君の番が来るのはいつか判(わか)らぬぞ。

『ルバイヤート』（オマル・ハイヤーム著、小川亮作訳、岩波文庫）より引用

ウマルの死後に明らかとなった詩作には、多くの宗教的な批判が集まりました。しかしそれは、彼の生前の功績を打ち消すほどではありませんでした。こうしてウマルの「四行詩集（ルバイヤート）」はいまでも多くの人に読み継がれるものとなったのです。

死後に書き加えられてしまった詩

じつは、現在までに伝えられている『ルバイヤート』の内容には、ウマル本人の作ではない詩がかなりの量で紛れ込んでいます。

ウマルの死後、『ルバイヤート』を読んだ人々のなかには、同様に神の存在に対する疑義を持っていた人々が多くいました。彼らは、社会風刺や宗教批判、はたまた飲酒の賛美などの詩を生み出し、それらをウマル・ハイヤームの名に仮託して発表したのです。宗教に懐疑的であったウマル自身が、今度は宗教批判のた

めの偶像として、彼らの隠れ蓑に仕立てられたというのはなんとも皮肉な話です。先に紹介したエドワード・フィッツジェラルド訳の英語版『ルバイヤート』も、その例にもれません。

フィッツジェラルドの翻訳は厳密なものとは言いがたく、伝えられている「ルバイヤート」のなかから百数首ほどを、時に逐語的に、時に自由に、そして時には同時期のペルシャ詩人の作品と混ぜ合わせた形で翻訳したのです。その目的は他の〝偽ウマル〟とは違い、思想的な隠れ蓑というよりは、あくまで自身の表現の一環でした。

ともあれ、この「フィッツジェラルドの『ルバイヤート』」は発表後、イギリス文壇で大きな反響を呼びました。それまで「知る人ぞ知る」という範疇にとどまっていたウマルが、一躍ペルシャ詩人の代表格へと躍り出たのです。ウマルが遺した詩は、本人の思惑を二重三重にも飛び越える形で、遠く異国異教の地において日の目を見ることとなったのです。

09

時空を超えて共有される「歓び」

ではなぜ、文化的な共通点をほとんど持たない欧米で、ウマルの詩は受け入れられたのでしょうか。じつは彼の詩から宗教的なバイアスを除いてみると、そこに表れる内容は、純粋な（あまりにも純粋な）「酒を呑むことの歓び」に満ちたものだったのです。

大空に月と日が姿を現わしてこのかた
紅（くれない）の美酒（うまざけ）にまさるものはなかった。
腑（ふ）に落ちないのは酒を売る人々のこと、
このよきものを売って何に替えようとか？

身の内に酒がなくては生きておれぬ、
葡萄酒（ぶどうしゅ）なくては身の重さにも堪えられぬ。

酒姫[※10]がもう一杯と差し出す瞬間の
われは奴隷だ、それが忘れられぬ。

『ルバイヤート』（オマル・ハイヤーム著、小川亮作訳、岩波文庫）より引用

「今宵はとことん、お酒を呑もう」という文化への率直なまでの賛美に、多くの人が共感しました。そしてイギリスやアメリカでは、楽しく酒を呑む人々が集まり「ウマル・ハイヤーム・クラブ」を結成したり、その名を冠した酒場も数多く作られました。

ウマルの言葉は、人種と時代を経て幾重にもねじくれた結果、非常に素朴な部分で最終的な一致をみたのです。つまりは、詩で歌われる、

愛しい友よ、いつかまた相会うことがあってくれ、
酌み交わす酒にはおれを偲んでくれ。
おれのいた座にもし盃がめぐって来たら、
地に傾けてその酒をおれに注いでくれ。

『ルバイヤート』(オマル・ハイヤーム著、小川亮作訳、岩波文庫)より引用

ウマルの願いは時空を超えて、その名と詩作に触れた〝決して相まみえることのない友〟たちとの間で実現されたのです。

＊

──以上が、「サンゴルスキーの『ルバイヤート』」、ウマル・ハイヤーム作の『ルバイヤート』に関する紹介です。

当時のペルシャにおいてウマルが呑んでいたのは、ペルシャにイスラームが浸透する以前よりあった、拝火教徒(ゾロアスター教徒)たちから伝わる葡萄酒です。

かつて「賢人」の名をほしいままにした偉大な学者ウマル・ハイヤーム。そんな男でも、家では趣味と酒に浸る日々を送っていたという素朴な、それでいて驚きの事実は、今夜私たちが傾ける盃をより一層軽くしてくれそうです。

脚注

［258ページ出典］『厄除け詩集』（井伏鱒二著、講談社文芸文庫）より改変。

※1 「サンゴルスキー版ルバイヤート」と呼ばれることもあるが、本書は耳心地の良さから、「サンゴルスキーの『ルバイヤート』」の名で呼ぶ。

※2 Francis Sangorski（1875年～1912年）。

※3 George Sutcliffe（1878年～1943年）。

※4 1761年創業の、現時点において世界最古の古書店。

※5 Gabriel Wells（1861年1月24日～1946年11月6日）。ニューヨークの著述家、書籍販売業者。

※6 Edward FitzGerald（1809年～1883年）。

※7 その天文学者としての功績から、月にはその名がつけられたクレーターもある。

※8 ササン朝の帝王ホスロウ・パルヴィーズ（590年～628年）のこと。

※9 神話時代のイランの第二王朝ケイアニイ朝を開いたとされる人物。

※10 酒姫は、その字面から〝女性〟と思われがちだが、実際はヒゲが生える前の若い少年が務めた。酒宴を盛り上げるために音楽を奏でたり、時には夜の相手も務めたという。

椿井文書

いまも地域に根差す、江戸時代の偽歴史書

10

椿井政隆 著

いかなる愚者でも
歴史を作ることはできる。
しかし歴史を書くことができるのは
天才だけだ。

詩人
オスカー・ワイルド
〔1854－1900〕

10

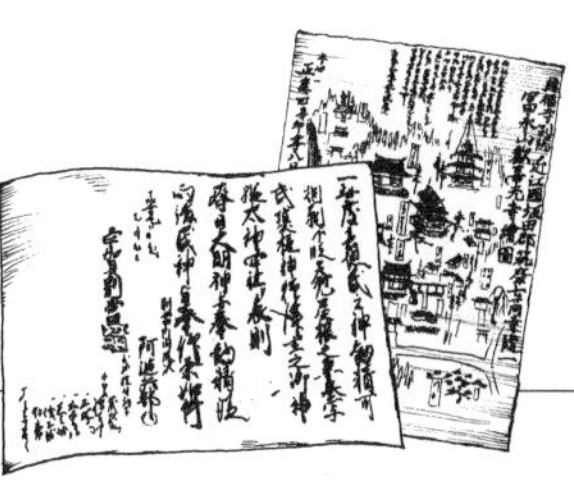

『椿井文書』とは、江戸時代後期、椿井政隆[※1]によって製作された古文書群です。主に近畿地方の山城・大和・河内・近江地方にわたって広範に分布しており、その数は推定で数百にも上るとされ、いまだその全容は把握されていません。それらは主に政隆の「蔵書からの写し」という体裁を取っており、当該地域における貴重な地域史料として、現在でも各種自治体史誌や観光地の案内板などに数多く引用されています。その浸透具合は深く、たとえば山城地方綴喜郡にあるほぼすべての式内社には、椿井政隆の手によるとされる社伝が残されています。「製作された」とあるように、『椿井文書』に書かれた内容は、その多くが椿井政隆によって創作された「偽書」です。その浸透具合も相まって、『椿井文書』が頒布された土地の地域史には現在進行形で、文書による地域史が混入しています。ここまで広く深く根ざすことに成功した『椿井文書』とは、一体どのように作られたのでしょうか。

椿井政隆の記録だけがほとんどない

まず作者である椿井政隆については、いまもって詳細が明らかになっていません。手がけた偽文書群の膨大さに反して、意外にも自身についての記述はほとんど残されていないのです。

『椿井文書』研究の第一人者である中京大学教授の馬部隆弘氏によると、政隆は1770年に誕生し、1837年に没します。山城国相楽郡椿井村（現・京都府木津川市）出身で、肩書きは考証家、地域史家とされています。

また南山城地域の荘園領主の末裔であり、財力や人脈を生かし、古文書の収集家としての一面も持っていました。そして、山城地域一円の地理歴史を詳細に調べ上げ、自身が手に入れた資料（古文書）との整合性を図りながら偽史を作り上げる、という才能の持ち主だったのです。

ここからは、『椿井文書』の来歴をたどるとともに、椿井政隆という男がどのような人物であったかも探っていきましょう。

10

有力史料の威を借りて生まれた偽書

政隆がその壮大な偽書群を生み出すにあたってまず参考にしたのが、『日本輿地通志 畿内部（通称『五畿内志』）』です。『五畿内志』は、日本初の「地誌」※2です。関祖衡※3、並河誠所※4という2名の学者が発起人となり、当時日本全国の地誌を網羅することを目的として、5年の歳月をかけて編纂されました。

結局、時間や人員などの制約から、採録できたのは近畿地方（五畿内）に留まったものの、正確性・精密性の高さから当時の地誌編纂家たちの高い評価を受け、のちに数々の地誌編纂事業での手本としても活用されました。

しかしじつのところ、掲げた目標が大きすぎたため、手の行き届かなかった部分もありました。強引なこじつけや想像で書かれたと思しき箇所など、のちの歴史家が杜撰な点を指摘しています。たとえば、表向きは並河誠所自ら現地へ足を

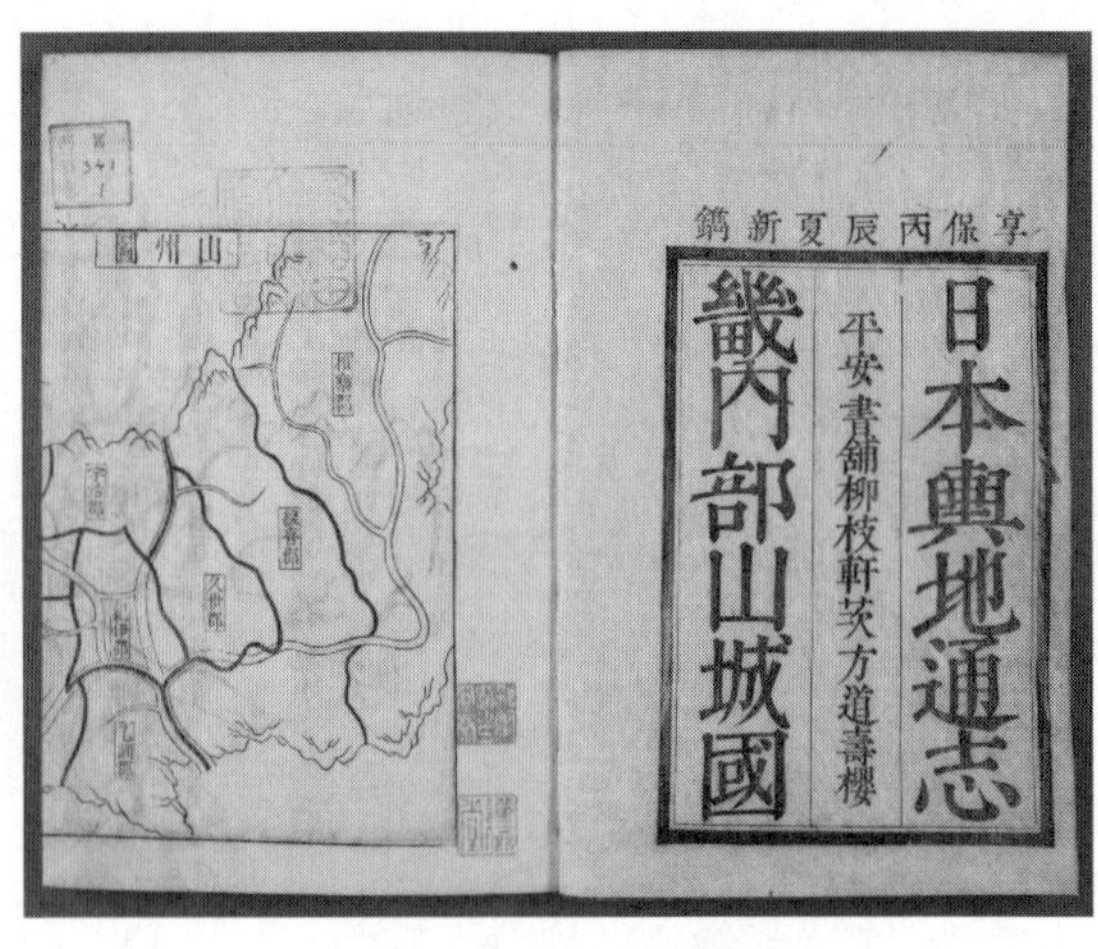

『五畿内志』の表題ページ（提供：早稲田大学図書館）。

）運び、史料の取材・採集を行ったとしています。しかし、それをすべて実施するのは、実際問題として困難であると見られています。そのため、想像をもとに書かれたと思しき箇所が存在しているのです。

『五畿内志』の〝弱点〟は、歴史家たちに「怪しい記述かもしれないが、でも信じたい……」という微妙な感情を抱かせました。

椿井政隆は、まさにこの「怪しい箇所」「微妙な感情」の2つに目をつけたのです。

現代でも『椿井文書』を説明板で掲げる所がある。
（引用：『由緒・偽文書と地域社会』馬部隆弘著、勉誠出版）

政隆は、これらの根拠があやふやな箇所に対して、「並河誠所が採集に訪れたのだとすれば、参照していたに違いない文書」を捏造しました。『五畿内志』の怪しい記述を後付けで補強したのです。

政隆の思惑どおり、何も知らない歴史家たちは飛びつきました。

結果として『椿井文書』と『五畿内志』は、史料としての価値や信憑性を相乗で高めることに成功したのです。

政隆のジャーナリスト魂

こうして有力な後ろ盾を「作り出す」ことに成功した『椿井文書』。政隆は、これを足がかりに本格的な偽文書の作成に乗り出します。制作の過程ではまず、『椿井文書』内に登場する人物や出来事を巧みに相関させ、『椿井文書』史観とも言える独自のネットワークを構築しました。資料の信憑性は大抵、その記述と別の資料の記述との間に矛盾がないかという点から検証されます。『椿井文書』はその膨大な史料同士が互いに互いの記述を保証するような書かれ方がなされており、その信憑性を盤石なものとしたのです。

その後、政隆は各地域から続々と舞い込む依頼に応える形で、文書の作成を請け負っていきます。一例を挙げると、

●山の所有権で隣村と争う村に依頼され、山に建つ神社の由緒書きを捏造して領

有権の根拠として使用させる。

● 地域の富豪に依頼され、皇族由来の家系図を捏造して家格の向上に一役買う。

等々、依頼は多岐にわたります。また、ひとつの地域でいくつかの家系図を偽造した後には、他の地域で起こった合戦[※5]の到着状などに、捏造した家系図の人物たちを多数登場させ、遠方からもその実在を保証するなど、その手法には抜かりがありませんでした。

『椿井文書』の作成過程において、政隆は依頼人の要求を満たす史料作成の手間を惜しみませんでした。該当する地域の歴史や地理を丹念に調べ、また顧客の家に何度も足を運んでは取材を行い、試作原稿をもとに検証・改良を重ねて完成度を高めていました。政隆の仕事ぶりは現代のジャーナリストにも通じるものがあります。

こうして生まれた非常に高品質な「都合の良い史料」は各地で重宝され、現代にも伝えられるものとなったのです。

政隆をここまで膨大かつ詳細な偽文書の創作に駆り立てたモチベーションとは

一体何だったのでしょうか。あくまで想像にすぎませんが、ここまでの情熱は、「仕事」というよりは逆に「趣味」の領域に属するものに見えます。初期の文書の目的が『五畿内志』の補強であったことを考慮すると、政隆は『椿井文書』史観でもって山城国一帯を塗り替えることに、ある種の喜びを感じていたようにも思えます。

誰でも親しめるビジュアル本

『椿井文書』の真骨頂とも言えるのが、『興福寺別院山城国綴喜郡観心山普賢教法寺四至内之図』などに代表される絵図です。

政隆の「創造力と表現する才能」は、文章を作り上げるだけにとどまりません。彼は画才にも恵まれていました。史実と『椿井文書』史観を併せ持った絵図としてまとめ上げることで、史料全体の「魅力」を一気に高めたのです。

予備知識がないと読めない文書では、読者は特定の知識層に限られてしまいます。そこで広く一般の人々にも親しめるよう、地域の古(いにしえ)の姿を挿絵として描いた

「少菩提寺絵図」の説明板（引用:『由緒・偽文書と地域社会』馬部隆弘著、勉誠出版）。

のです。

自分の住む地域が鮮やかに描かれた絵図を見た人々が、それを「偽書」としてはねのけるのは難しいでしょう。事実、政隆の作品のひとつ「少菩提寺絵図」は現在も、とある市の文化財として指定を受け、同地の案内板にも使われています。

これら偽作された絵図には、「使用された画材などで作成年代の比定はできなかったのか」という疑問も浮かびます。しかし、ここが政隆の巧みだった点です。絵図には別途来歴書として、「○年に奉納された絵図を、某が○年に模写し、さらにそれを椿井政隆が○年に再度模写したものである」という添え書きを付しました。いかにも胡散臭げですが、いくつもの「信じがたいが、信じたい」と思わせる要素との合わせ技によって、政隆は作成年代に基づいた追求を無効化することに成功したのです。

また、『椿井文書』がここまで広まってしまった要因としてもうひとつ挙げられるのが、文書が受け継がれた経緯です。

そもそも政隆が作成した文書群の多くは、政隆と製作を依頼した者との間で完結（結託）したものでした。1874年～1875年頃に椿井家が没落した際、政隆が作成したまま自宅に保管されていた（頒布されないままの）文書群は、木津（京都府木津川市）の今井家に質入れされてしまいました。

その後、今井家は1887年頃より、それぞれの文書を関係する家に向けて販売し始めます。

買い取った側の家は、「あの椿井政隆が編集した我が家の文書が、質流れの危機を免れて回収できた」という、ある種の成功体験とともにそれらを迎え入れました。これは、政隆本人が頒布するよりも、高い信憑性を与えたのです。

10

椿井への「疑いの目」が時代とともに風化した

もちろん当時の歴史家たちが『椿井文書』に対して、何の疑いも持たなかったわけではありません。

内容こそ周到に編まれていたものの、やはり粗も散見されたようです。古文書解読にある程度通じた者ならば、現物を見てひと目で偽作と看破できるようなものも多かったといいます。

これら近畿地方一円に広がった「由緒の怪しい」古文書群や、今井家から流れ出た「あまりに持ち主に都合のいい」史料の噂は、近畿の地域史家たちの間で広まっていました。

しかし近代に入ると事情が変わります。『椿井文書』の存在をまったく知らない歴史家の一部が、政隆の偽書を「後世の写本である」という誤った認識のもと、全文を引用するケースさえあったのです。加えて戦後は、「皇国史観からの脱却」と称し、多くの国史学者が教職を追放されました。そのなかには、かねてより『椿井文書』に対して疑いの目を向ける学者も含まれていました。その結果として、「偽書」についての知見が風化してしまったのです。

こうした数々の要因によって、『椿井文書』は地域に根ざした「史実」としての地位を確固たるものとしていったのです。

『椿井文書』の史料としての価値は？

『椿井文書』はその周到さから、仮に偽書であったとしても椿井政隆が創作した部分を丁寧に選り分ければ、現在に伝わらない「史実」を見出せるのではないかという向きもあります。たとえば、『椿井文書』の販売目録とされる「椿井家古書目録」に記されているのは、政隆による偽文書だけではありません。作成の際

10

に参照したとされる歴史書の「写し」も含まれています。しかしその史料といえば『信長記[※6]』や『日本紀略』など、いずれも現代では、図書館へ行けば誰でも閲覧できる代物ばかりです。しかもこれらの史料も、政隆が原書から丸写ししようとする際、順序を誤ったり、脱落した箇所があるなど杜撰な仕上がりだったのです。『椿井文書』に見られる「独自情報」は政隆の手によって捏造されたものしかないと言わざるをえません。

＊

――以上が、いまだ全貌が明らかになっていない偽書『椿井文書』に関する紹介です。

この古文書群は「現在進行形で、地域史に混入し続けている」という点において、本書で紹介する偽書のなかでも、随一の影響力を持つ書物と言えます。

『椿井文書』が伝わっていく過程で、歴史家たちから向けられてきたいくつもの疑いの目を遠ざけ、この文書群を現代へと匿(かくま)ったものは、その歴史を「信じたい」という人々の思いでした。

「地元史」というものは、我々自身のアイデンティティと密接に関わるがゆえに、自分たちに都合の良い言説へと流れてしまいがちです。それは『椿井文書』のみならず、現代でも起こりうる話だと言えます。たとえば１９９９年、北海道標津(しべつ)町では、町内を流れるウラップ川と神秘的な鮭にまつわる伝説を下敷きとした、町民祭りを立ち上げました。

しかしこの伝説は、祭りの立ち上げと並行して自治体が創作したものなのです。※7

このように、各地に伝わる伝説を紐解いてみると、近代以降に創作されたものが少なからず存在するのです。

しかし、そこに共通するのは、その土地が「素晴らしい歴史を持っていてほしい」という願いであり、それ自体は余人に否定できるものではありません。こうした願いや外連味(けれんみ)を剝ぎ取り、ありのままの姿を白日のもとに晒すといった行為は、ある意味で残酷な行いなのかもしれません。しかし、わずかな歪みの蓄積がやがて全体へと波及するように、こうした偽史の指摘が行われなければ、結果的に日本という国自体の歴史をも歪めかねないのです。

「歴史にロマンを求めるな」と、しばしば言われます。しかし、こうして偽史が明らかになっていく過程を眺めると、これはこれで人の願いと欲望の渦巻く、ロマンのある光景には見えないでしょうか。

脚注

［286ページ出典］『The critic as artist』(Oscar Wilde, Ediciones Mr. Clip)

※1 つばい まさたか（1770年～1837年）。山城国相楽郡椿井村（現・京都府木津川市）出身。

※2 ある特定の地域の歴史や地理をまとめた書籍。

※3 せき そこう（生没年不詳）。江戸時代前期～中期の地誌学者。

※4 なびか せいしょ（1668年～1738年）。江戸時代中頃の儒学者。

※5 武士が、幕府などに加勢の催促を受けて所定の場所に到着したことを記して、上申する文書。

※6 目録では、太田牛一による『信長記』としている。

※7 なお標津町は、伝説が自治体による創作であることをきちんと明言している。

ビリティスの歌

ビリティス 著
ピエール・ルイス 訳

CHANSONS DE BILITIS

11

古代ギリシャ女流詩人が紡ぐ、
赤裸々な愛の独白

いちばんいやらしい虚言(いつわり)は、

いちばん真実に近い虚言だ。

小説家

アンドレ・ジッド

〔1869－1951〕

11

『ビリティスの歌』とは、19世紀末にドイツの古典学者G・ハイムが発見したとする、古代ギリシャ時代の散文詩集です。

ハイムは、地中海のキュプロス島[※1]、アマトントにほど近い街道沿いの廃墟で偶然、地下墳墓を発見したと言われています。古井戸の底にあった塗り壁を崩すと、その先には石灰石の敷石と角閃石(かくせんせき)の壁で覆われた墓所が現れたというのです。

古代の散文詩集『ビリティスの歌』は、紀元前6世紀に活躍した女流詩人ビリティスの亡骸(なきがら)とともに、壁一面に原始的な花文字で刻まれていたそうです。

3部構成の散文詩集

『ビリティスの歌』は長い間、ハイムによるドイツ語訳だけが存在したとされ、人々の目に触れることはありませんでした。その後、フランスの詩人にして小説家のピエール・ルイスが発表したフランス語訳によって、一躍脚光を浴びたのです。

この詩の主人公はビリティス自身であり、その生涯を3部構成で著しています。

【第1部】
ビリティスの生誕地、パンフィリー[※2]での少女時代の暮らしや幼い恋心を唄った、「パンフィリーの牧歌」。

【第2部】
レスボス島[※3]へ渡り、現地での出会いを唄った、「ミュティレネ[※4]の哀歌」。

【第3部】
ビリティスが没するキュプロス島での仕事や暮らしを唄った、「キュプロス島での碑銘詩」。

最後に、彼女の墓碑銘に捧げられた3編の詩「ビリティスの墓」で締められています。

まず歴史に明るい人であれば、古代ギリシャ世界において「レスボス島」「キュプロス島」といった土地が、どのような物語の舞台となってきたかをご存じかもしれません。ビリティスの歌もそれらと同様、エロティックな内容を多く含んでいます。本作は、ビリティス本人の独白を散文詩集という形でまとめているため、詩を通じて、彼女の人生や、渡り歩いた土地などの足跡をたどることができます。

では、古代ギリシャ世界に生きて死んだ女流詩人ビリティスの生涯を、詩を頼りに紐解いていきましょう。

少女から、大人の女性へ

第1部「パンフィリーの牧歌」では、純真無垢な少女ビリティスが、淡い恋に目覚める様子が語られます。牧羊神パン[※5]に祈りを捧げたり、森に住むニンフ[※6]の姿を夢見るなど、幼い子どもの視点から語られる世界は、清浄な瑞々しさにあふれています。そんな暮らしのさなか、〝恋〟を知ってしまったことで、少女の心は大人の女性へと成長していきます。次に紹介する2編からも、ビリティスの心の機微がうかがえます。

牧場の歌

牧場の歌を歌って、真夏の風の神様、パンの加護を祈ろう。
わたしはうちの羊の番をし、セレニスも自分のおうちの羊の番をする、
風にそよぐオリーヴの木が円い蔭をなしている下で。

セレニスは草原に寝ころんでいた。つと立ち上がり、
蟬を探したり、花や草を摘んだり、さらさらと流れる小川の
冷たい水で顔を洗ったりする。

11

わたしの方は、羊たちの金色の背から毛をむしり、
糸巻き棒に巻きつけて、それを紡いで糸にする。
時はゆったりと流れてゆき、一羽の鷲が空を舞ってゆく。

木蔭が向きを変えてゆく。
花籠と乳を入れた甕（かめ）の場所を変えましょう。
牧場の歌を歌って、真夏の風の神様、パンの加護を祈ろう。

友人らと自分たちの成長を競い合ったり、意中の男性へのぎこちないアプローチに奮闘したりと、ビリティスの微笑ましい少女の恋模様が描かれます。

しかしあるときビリティスは、想いを寄せていた男性に関係を迫られます。突然のことに驚いたビリティスは男を拒絶しました。男は一旦引き下がったそぶりを見せますが、今度は寝込みを襲います。男の力に抗えなかったビリティスは、そのまま体を許してしまうのです。

牧笛

ヒュアキントス[※7]のお祭りのためにとて、あの人が
笛をくれた。みごとに切りそろえた葦の茎を
白蠟で固め合わせた笛。唇に当てれば蜜のような甘さ。

膝に坐ったわたしに、あの人が吹き方を教えてくれる。
でもわたしは小さく身震い。わたしの後にあの人が吹く、
かそけき音色で、聞き取れぬほどに。

こうしてぴったりと寄り添ってさえいれば、なんにも
話すこととてない。でもわたしたちの奏でる歌だけは、
かたみに応えようとして、二人の口は代わり代わりに
葦笛の上で重なり合う。

11

もう時間も遅い。夜になると聞こえ出す、青蛙の歌が始まった。
失くした帯を探すのに、こんなに時間がかかったなんて、
母さんが信じてくれるはずはない。

その後の悲嘆にくれる様子も詳細で、周囲に知られてしまうことを恐れたり、口の堅い洗濯婦に汚れた衣服をこっそり持ち込む様子も描かれます。ところが、その後のビリティスは、あっさりとその男と恋仲になり、むしろ彼女のほうから夜ごと、男の寝所に通うようになってしまうのです。結局はその男との間に一子を授かることになりました。

さて彼女の詩を介した独白は、ここで一旦途切れます。陰りを見せた恋を詩に唄うには彼女は若すぎたのか、この恋の終わりを語らぬまま舞台を移すことになるのです。

新天地で出会った新たな愛の形

次にビリティスが現れるのは、エーゲ海にあるレスボス島です。傷心が彼女を旅へと駆り立てたのかは定かではありません。ハイムの推察では、彼女はおおよそ16の歳にこの島へと渡ったとされています。また授かった子どもについては、故郷に捨て置くなどしたことが後にほのめかされます。

当時のレスボス島は、夜ごとに酒宴が設けられ、男たちは毎晩酒や踊り子に夢中になる日々を送っていました。風紀の紊乱（ぶんらん）を憂えた政治家によって、若すぎる踊り子が酒宴の席に立ち入ることを禁じる法律が打ち立てられます。しかし、裏口営業の店の稼ぎが増えただけで、大した効果はなかったようです。そして、主人らが家に帰らない夜を持て余した妻たちは、仕方なく女性同士の行為に耽溺（たんでき）していった――。

これが本作内で語られるレスボス島の事情[※8]です。

ビリティスも初めはその風習に衝撃を受けますが、サッフォー[※9]の詩でも歌われた美しい少女ムナシディカとの出会いによって、次第にレスボス島の流儀へと染まっていきます。

欲望

部屋にはいるなりあの女は、狂おしい様子で、
眼を半ばつぶって、私の唇に唇を押し当てて、
わたしたち二人の舌と舌がもつれあった……
生まれてこのかた一度だって、あんな接吻をしたことはなかった。

あの女はわたしの胸にもたれて立っていた、
愛にすっかり身をゆだね、愛撫を拒もうともせずに。
わたしの膝が少しずつ、あの女熱い股間を割ってのぼると、
愛する男にされるみたいに、脚は開いた。

あの女(ひと)の裸のからだを探ろうと、短衣(トウニカ)の上に手を這わせると、
からだは波打ってしなやかに折れ曲がり、
肌をふるわせて、弓なりに反りかえってこわばった。

狂おしいまなざしで、あの女(ひと)は臥所(ふしど)へとわたしを誘った。
でも婚礼もすまないうちに愛し合うなんて、許されない。
はっとして、不意にからだを引き離した。

消えやらぬなごり

この臥所はあの女(ひと)が起き出して行ったままにしておこう、
皺によって、ほころび破れ、敷布は丸まったままにして。
わたしに寄り添ったあの女(ひと)のからだの形が、

11

そっくり跡をとどめているように。

明日まで湯浴みを控え、着物も着ないで、髪もとかさずにいよう。
あの女(ひと)から受けた愛撫の痕が
消えてしまうと困るから。

今朝(けさ)はなんにも食べずにいよう、今夜もまた。
唇に紅もささず、お白粉を塗ることもしまい。
接吻の味が、いつまでも残るように。

鎧戸は閉ざしたままにしておいて、
入口の戸も開けないでおこう。この部屋に残った思い出が、
風に吹き散らされて飛んで行ってしまっては困るから。

大詩人サッフォーの薫陶(くんとう)を受けたのか、ビリティスの詩は、かつて少女が自由

に世界を切り取っていた初々しいものから、韻律を駆使した卓越した文体へと完成度を高めています。

しかし二人の恋の行方は、嫉妬深く執着心の強いビリティスにムナシディカが愛想を尽かすというあっけない結末となりました。少女であったパンフィリーの頃とは一変し、ここでのビリティスは、その嫉妬や悲しみを余さず詩として残しています。ムナシディカを忘れるため、密かにビリティスに想いを寄せるジリンノという別の女性に体を許したり、奴隷の少女を一晩買ってみたりと、すさんだ日々ののち、レスボス島から消息を絶ちます。

老いに抗う、絶唱

ビリティスが次に現れるのは、キュプロス島にあるアマトントという街です。彼女がいかにしてこの街へと流れ着いたのかについては[※10]語られてはいません。

キュプロス島は、キュプリア、すなわち愛と豊穣の神アフロディテに捧げられた島です。その恩寵を賜(たまわ)った（神により美しさを賜った）婦女らは、その美をアフロ

11

ディテへと捧げることが求められました。

有り体に言えば、その街の神殿に仕える巫女たちは、いずれも巫女にして娼婦として生きていたということです。

ビリティスもまたキュプロス島で、娼婦としての暮らしを送っていました。それは詩の文体にも現れ、退廃的なムードが漂い出します。

さて、彼女の詩は、陰りを見せる美に抗うように、一層艶（つや）を増していきます。

装身具

わたしの狭くて真っ白な額を飾るのは、透かし彫りを施した
黄金（こがね）の宝冠。頬と顎とのまわりをめぐって、
大きな留め金で髪から垂らした、五本の金の鎖糸。

虹の女神（イーリス）も妬もうかという、両腕にはめているのは

十三も重ね連ねた銀の腕輪。その重さよ！　さりながら、
これは武器。これにより手傷負った恋敵の女がいるのも承知。

まことにわたしは黄金（こがね）ずくめ。
二つの胸乳（むなち）をしっかと鎧うのは黄金の胸甲（むねあて）。
神々の像とても、この姿ほど豪奢とは限らない。

厚い上着の上に締めている腰帯は銀縅（しろがねおどし）
そこに読み取れる詩句はといえば、「永遠（とわ）に愛してたもれ、
されど日にみたび情人（いろ）に心を移しても、恨みたもうな」

小唄

最初の殿御は首飾りをくれた。

11

御殿やお寺やお宝や奴隷たちをそっくりそのままに、都がひとつ買えるほどのお値段の真珠の首飾り。

お次の殿御はわたしを詩に詠んでくれた。わたしの髪は海の上に垂れ込める夜のように漆黒で、眼は暁の眼のように碧いと詠った。

その次の殿御は水もしたたる美男子で、母親でさえも抱くのに顔を赤らめずにはいられない。その人がわたしの両膝に手を置いて、裸足の足に接吻してくれた。

あんたときたら、なんにも言ってはくれなかった。なんにもくれもしなかった。だってあんたは貧乏だもの。それに美男子でもない。でもわたしが好きなのはあんた。

このように、娼婦としての手管で男たちを次々と惑わしていくのです。齢(よわい)40を前にしたビリティス最後の歌は、水盆に映る自分の姿を唄ったものです。
アフロディテから受けた恵みが、もはやその身を去ったことを知った彼女は、失意のなか自慢の黒髪を断つと、それを女神へと捧げ、自らの最後の詩として締めくくります。

まことの死

アフロディテさま、仮借なき女神よ、髪うるわしい幸福な若さが、
このわたしの身のうちにあっても、束の間に消えることを望みたもうた。
なぜすっかり命絶えてしまわなかったのでしょう！

鏡の中にわが姿をうち眺めれば、もはやほほ笑みもなく、涙もない。
おお、ムナシディカに愛されたやさしい顔よ、これそのかみの
わたしの顔とは信じられない！

なにもかも終わりだなんてことがあり得ようか！　わたしはまだ八歳を五度重ねたほども生きていず、昨日生まれたばかりのように思えるのに、もうこんなことを言わねばならない。「もう人に愛されることもあるまい」と。

わが髪をそっくり断ち切って縄に綯い、腰帯の中に納めました。
それをおんみに捧げまする、永遠にましますキュプリス女神さま！
これからもおんみを崇め敬いまする。敬神の念篤いビリティスのこれぞ最後の詩。

――ここまで、古代に生きた1人の女性の生涯を、彼女の詩を通じてたどってきました。

しかし、内容が少々艶っぽい古典というだけで「奇書」と位置づけたのでは、『源氏物語』も同様に奇書となってしまうかもしれません。

『ビリティスの歌』を奇書たらしめる理由は、ただひとつです。それは――、

ビリティスという名の女性、そしてこれまで紹介したエピソードのすべてが、フランス語訳者ピエール・ルイス[※11]による〝完全な創作〟であった、という点につきるのです。

『ビリティスの歌』を奇書にした、ルイスの奇策

ルイスはもともと、自費出版の詩集や同人誌を発表する売れない詩人でした。あるときギリシャ古典文学の美しさに触れたことで、自ら『メレアグロスの詩』[※12]のフランス語訳本も書いています。そして翻訳作業を通じて、ギリシャ古典の文体を自家薬籠中(じかやくろうちゅう)の物とするのです。その後ルイスは、自身の人生を貫くテーマである「女性の美しさ」について、ギリシャ古典文学風に表現することを思いつきました。

それまで培った技術によって、完璧なギリシャ風文体でこの散文詩集を書き上

げた彼は、さらに周到なことに、

●架空の古典学者G・ハイム[※13]の校訂本を参考資料として掲載する。
●詩が残されていたとする碑文の発見の経緯を序文として書き表す。
●碑文のいくつかに「欠損により翻訳不能」な箇所を織り交ぜる。

などといった、徹底したリアリティを追求しているのです。

ピエール・ルイス

ルイスは完成した『ビリティスの歌』を何人かの古典学者に対して、実在する『メレアグロスの詩』の訳詩集とともに送りつけています。

その強気な行動の真意は定かではありませんが、ひょっとすると専門家を名乗る人々への挑戦だったのかもしれません。

学者や専門家という高尚な肩書きを〝名乗りたがる〟人々にとって、いちばん許しがたいことは何か。それは、目の前で起きていることに対し「私はこれを知らない」と認めてしまうことです。そのことが分かる最たる例は、リール大学でギリシャ考古学を教えていたフージェール教授とのエピソードでしょう。

フージェール教授は、訳詞を送ってもらったことに対する厚い礼とともに、『ビリティスの歌（原詩）』に基づいた「改訳」をいくつか教示してみせ、「ビリティスとメレアグロスは、私にとって未知の詩人ではありませんが、これからは親しい友となることでしょう」という、感謝とマウンティングを同時にとるという高等な手紙をよこしています。

ジャン・ベルトロワ夫人という人物は、とある雑誌に「新たに語彙を付した『増補改訂版のハイム氏の校訂本』を用いて」などと、実在しないはずのG・ハイムの書物を底本に改訳した（とする）、6編の詩を投稿しています。

ギリシャ古典学者の1人であるマスクレーという人物は、「ピエール・ルイスによるビリティスの歌の翻訳は凡庸だ」などという批判を行い、ルイスを苦笑いさせました。

種々の騒動はさておき、『ビリティスの歌』によって文学者ピエール・ルイスの名は世間に広まることとなります。というのも、この作品自体が、詩歌集として非常に高い完成度を持っていたためです。

人気作家としての栄光と葛藤

歴史学者を二重の意味で唸らせることに成功したルイスは、次に発表した小説『アフロディテ』の大ヒットをもって、有名作家の仲間入りを果たします。

『アフロディテ』は『ビリティスの歌』と同様にエロティックな香りをまとった作品でした。そのため当時のフランス文壇では、これらの作品を受け入れることが憚（はばか）られたと言われています。

しかし、当時の文壇で強い影響力を持つフランソワ・コペー[※14]は次のような言葉でルイスの才能を激賞しました。

あなたは『アフロディテ』を読んでないんですか？　それじゃ食事と食事の間に何をなさっているのです？

『エロスの祭司』（沓掛良彦著、水声社）より引用

コペーは淫らな魅力を放つこの作品を「芸術家に限って」勧めるとしています。美的なセンスを持っていなければ刺激が強すぎる、と言って。

当時のフランスは、自らを「美的なセンスがある」と思いたい人であふれていたのか、この書評が新聞に掲載された翌日、『アフロディテ』の初版は完売となっていました。そしてこの年、『アフロディテ』は年間で5万部を売り上げる大ベストセラーとなるのです。

しかしその後、『女と人形』『ポゾール王の冒険』などの数作を発表した後、ルイスは公に自身の文章を発表することをやめてしまいます。そして内々のごく限られた人に向けて文章を書く生活に入りました。

なぜルイスは突然、人気作家としての道を閉ざしたのか。その理由は諸説あります。ルイスは「言葉」そのものが持つ美しさを書き表すことに、並々ならぬ情

熱を持っていました。たとえば、ルイスが若い頃に残した手紙には次のように書いてあります。

ものを書くということ！　書くということ！　ペン、紙、インク壺、机といった聖職者のこういう道具を前にして夜を過ごし、そしてただ一人創作の仕事を始めるということ！　他の人々から遠く離れ、美を前にしてわれを忘れる人々に、美が与えてくれる力のみを頼りに自分というものを豊かにすること、理想を実現し、表現しえぬものを表現すること、感覚で得られるものと戦うこと、想念をことばで押しつぶして、それが(ことばに)打ち負かされ、生気を帯び、露になり、あらゆる不透明さを脱して純粋になり、永遠に固定されること、それがすべてなんだよ、ジッド君[※15]！　それが人生の目的で、それを果たす能力ある人々の義務なんだ。それが幸福というもので、生涯全部にわたる無上のよろこびで、出産に際しての、数時間にわたる途方もなく大きな歓喜なんだ。

『エロスの祭司』(沓掛良彦著、水声社)より引用ルイスの文学に対する情熱が、「文章を売って金を稼ぐ」という行為への嫌悪として現れたのかもしれません。

結果ルイスは、パリ郊外のアモーに庭付きの館を買うと、四半世紀にもわたって隠遁（いんとん）生活を送ることになりました。窮状に駆られて時折短編を書く以外は公に文章を発表しようとせず、ほとんどの時間を過去の文学研究へと費やしています。

ルイスの関心は文学にとどまらず、歴史、哲学、法学、経済学、考古学、数学など多岐にわたりました。生活を顧みずあらゆる分野の稀覯書をかき集め、それらすべてを読破しています。

彼の鬼気迫る好奇心から生じた膨大なインプットの日々は、自然とアウトプットのためのリソースを失わせ、彼はますます寡作となっていくのです。

しかし実際は、作品を発表しなかっただけで、アモーの館からは彼の没後、かなりの量の死蔵された作品が見つかっています。それらはいずれもエロティックな内容で、ポルノめいた詩や小説はもとより、恵まれた容姿[※16]を誇っていたことで関係を持った2000人を超える女性たちの記録。さらにはその経験や碩学（せきがく）の知識を生かした、女性器の形態学的分類などといった内容まで多岐にわたります。言語学の一環なのか、「日本語のエロティックな語彙」という研究ノートまであった始末です。

そんな暮らしの最期は、ルイスのすさんだ生活が呼び寄せた病魔によってもたらされます。1日に60~100本ほど吸っていた煙草による肺気腫や慢性気管支炎、さらにリウマチ、糖尿病、コカインを常用していたことによる神経組織の損傷で、寝たきり状態となってしまったのです。

晩年は糖尿病が原因となる失明によって、作家としても文学研究者としても、その生命を絶たれます。診察する医師に対しては、「いまあなたが診ているのは死人ですよ」と自虐するほど悲惨な状態でした。

1925年6月4日、文学と女性の美に捧げられた彼の生涯は、2万冊の蔵書に埋もれるように幕を閉じました。

ルイスの死蔵した作品は、晩年の愛人によって単なるポルノ作品のような扱いで売りに出されてしまいます。その結果、現在ピエール・ルイスと言えば『アフロディテ』『ビリティスの歌』など数々の名作を生み出した偉大な詩人と言うよりは、ポルノ作家のような色合いで語られることもあります。古本屋でピエール・ルイスの本を求めようとすれば、店主がジト目でにやりと笑みを浮かべるような作家の1人となったのです。彼にとってそれが良かったのか悪かったのか、我々には想像することしかできません。

＊

――以上が、偽書でありながら名著『ビリティスの歌』と、若さと才能でフランス文壇を騒がせ、そして自身の信じる美に殉じて死んでいった作家、ピエール・ルイスに関する紹介です。

『ビリティスの歌』は、主に当時の歴史認識に基づいて書かれたために、現代の研究とは一部異なる内容が語られています。

レスボス島は、ルイスが語るほど女性同性愛にあふれた場所ではありません。

レスビアンという単語は本来、「レスボス島に住む人」という意味でしかありま

11

せん。島の住人たちは現在、「女性同性愛者」という印象の払拭に努めています。

出来が良すぎるパスティーシュ（古代ギリシャの作風模写）は、それが「歴史」ではなく「作品」であるがゆえに、史実にはない魅力を備えてしまいます。作者に悪意がなかったとしても、真贋（しんがん）が不明となったときの影響力は計り知れません。

「勝者が歴史を作るのだ」とはよく言います。歴史が口伝という形を取っていた時代、「面白いかどうか」という評価軸は歴史の伝達を助ける重要な役割を果たしていたはずです。学校で行う歴史の授業が面白味に欠けると感じるのは、「正確に」内容を伝達することに重きを置くためです。

しかし実際の歴史は（私たちの暮らしがそうであるように）「複数の原因があり、複数の結果がある」という複雑なものです。それを語ろうとすると、当然、冗長で退屈なものになりがちで、どう取捨選択するかというのは伝え手の悩みどころです。「より魅力的にしよう」とするのであれば、よりドラマチックでカタルシスのある内容にせざるを得ないでしょう。

歴史の先端にいる現代人は、過去の「平凡で、さして面白くもない人々の営み」という面をすべて無視して、「面白い歴史」というエンタテインメントとして消費する権利を持ってしまっています。ひょっとすると、歴史を「面白い」と感じている時点で、私たちはすでに「面白さ」のバイアスがかかった歴史を見せられているのかもしれません。

※本文中に掲載の「牧場の歌」「牧笛」「欲望」「消えやらぬなごり」「装身具」「小唄」「まことの死」は、『ビリティスの歌』(沓掛良彦訳、水声社)より引用。

脚注

[304ページ出典]『新潮世界文学〈29〉ジッドII』(アンドレ・ジッド著、堀口大學ほか訳、新潮社)

※1 キプロス島。東地中海のシリア・アナトリア半島の沿岸にある島。

※2 古代トルコの小アジア南部。

※3 エーゲ海の北東に位置する島。

※4 レスボス島の首都。

※5 ギリシャ神話に登場する神。

※6 ギリシャ神話などに登場する精霊。

※7　ギリシャ神話に登場する美少年。
※8　レスボス島は、古代の女流詩人のなかで最大の知名度を誇る、サッフォー（プサッファ）の故郷。サッフォーが女性同士の愛について多くの詩を詠んだことから、その名を取って「レスビアン」という言葉が生まれた。ビリティスがこの島に渡ったとされるのは、サッフォーが活躍していた頃と同じ時期である。
※9　Sappho（B.C.7世紀末〜B.C.6世紀）。古代ギリシャの女性詩人。サッポーとも。
※10　ギリシャ神話の愛と美と性を司る女神。
※11　Pierre Louÿs（1870年12月10日〜1925年6月4日）。ベルギー生まれのフランスの詩人、小説家。
※12　ガダラのメレアグロス（B.C.100年頃）。シリアのガダラ出身の詩人、哲学者。ほとんどは失伝しているが、現存する詩はほぼすべてエロティックな要素を持ち、美しい少年や少女への率直な想いを歌っている。
※13　ビリティスの墓の発見者であるとした、G・ハイム（G. Heim）という名の由来もGeheim、つまりドイツ語で「秘密」を意味する言葉のもじりである。
※14　François Coppée（1842年〜1908年）。フランスの詩人、劇作家、小説家。
※15　André Paul Guillaume Gide（1869年11月22日〜1951年2月19日）。フランスの小説家。ノーベル文学賞受賞。ルイスの学生時代からの友人であり。ルイスに文学の才能を見出された1人でもある。
※16　「生涯において女性をこちらから口説いたことはほとんどない」と語るほど容姿端麗だった。

番外編

1つの創作が科学へ導く、
壮大なムーンショット

月世界旅行

ジュール・ヴェルヌ 著

DE LA TERRE À LA LUNE /
AUTOUR DE LA LUNE

03

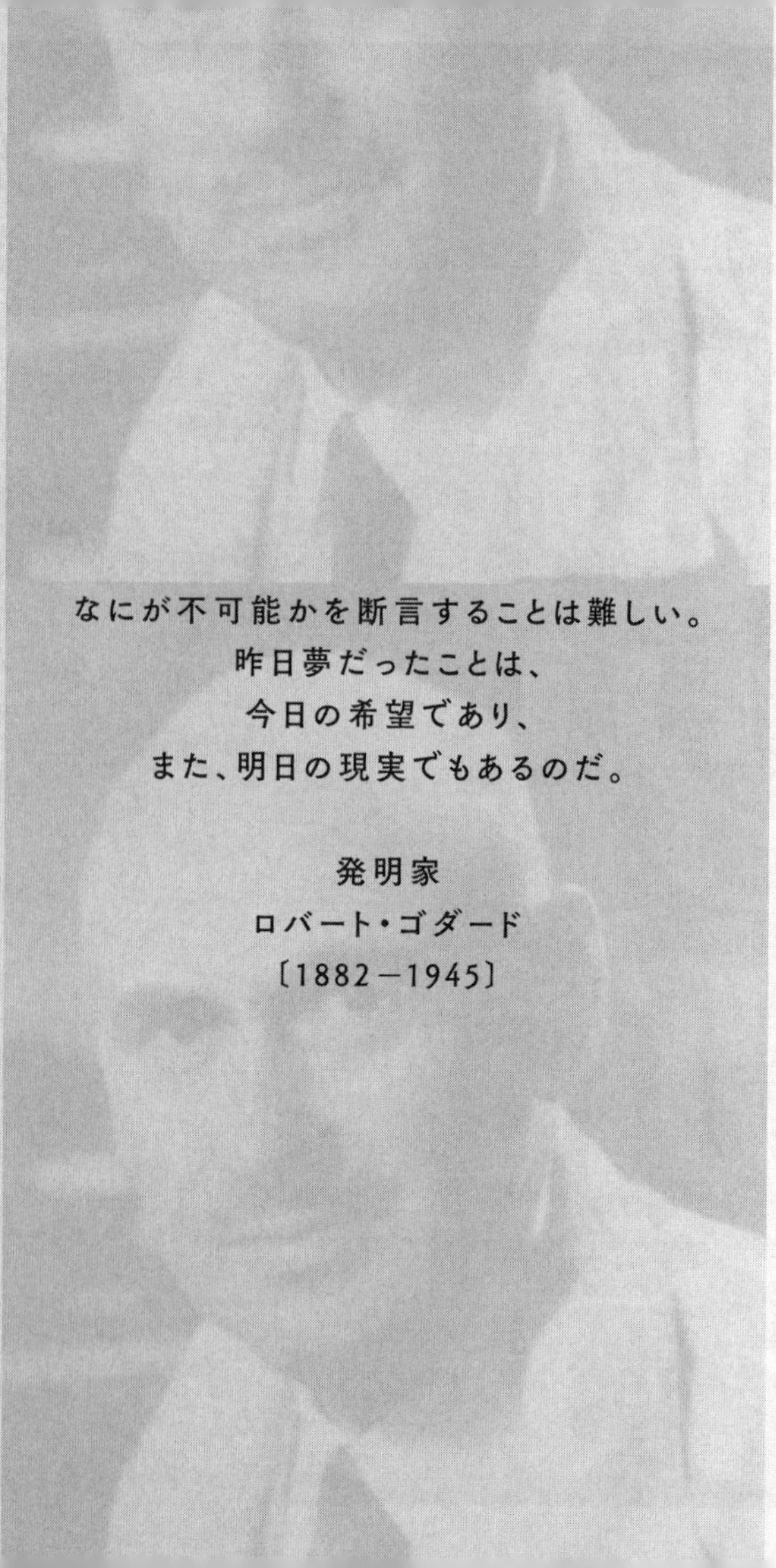

なにが不可能かを断言することは難しい。
昨日夢だったことは、
今日の希望であり、
また、明日の現実でもあるのだ。

発明家
ロバート・ゴダード
〔1882－1945〕

番外編 03

『月世界旅行』とは、ジュール・ヴェルヌ[※1]によって書かれた〝世界初の本格SF小説〟です。本来は『地球から月へ』(1865年)、『月世界へ行く』(1870年)の2つからなる連作ですが、日本では、フランスの映画監督ジョルジュ・メリエスによって映像化されたタイトルとまとめて『月世界旅行』と呼ばれるのが一般的です。[※2]

フィクションとサイエンスが織りなす世界

作者であるジュール・ヴェルヌは、1828年にフランス西部ペイ・ド・ラ・ロワールのナントで生まれ、幼少期をこの貿易が盛んな港町で過ごしました。

弁護士だった父の影響もあってか非常に理知的な性格で、数学やラテン語に優れた才能を発揮します。父の勧めでパリの法学校へ進むと、そこで出会ったアレクサンドル・デュマ親子の影響で劇作家を志すようになりました。

処女作である戯曲『折れた麦わら』が好評を博したものの、それ以降、世間の評価がそれほど集まることはありませんでした。

しかし、友人であったフェリックス・ナダールに触発されて書き上げた冒険小説『気球に乗って五週間』の大ヒットによって、一躍人気作家の仲間入りを果たします。

その後、『月世界旅行』『海底二万里』『八十日間世界一周』『十五少年漂流記』など次々とヒットを飛ばし、フランスを代表する小説家として名を馳せることになりました。

『月世界旅行』は、「大砲クラブ」という団体に属するアメリカ人3名が、南北戦争ののち不要となった砲火技術の使い道として、月を米国37番目の州とすべく遠征を企てる物語です。現代から見ると荒唐無稽なあらすじですが、じつは出版当時においても他の小説とは一線を画す奇妙さを持っていました。その理由は、物語の構成に隠されています。

ジュール・ヴェルヌ

まずこのような物語を描くのであれば、作者としては、読者にとって心躍る冒険譚にしたいと構想するものです。たとえば、旅程は小さなトラブルをはさみつつも、できるだけ手短に。そして月での冒険や、奇妙な先住民との出会いや戦いなどに紙

幅を割きたいと考えるでしょう。[※3]

ところが『地球から月へ』では、月へ行くための方法や、その計画のための機材や人材の確保、といった話がメインに描かれているのです。全28章のうち、じつに25章までが「月に行くための計画を練る」ことに費やされています。その内容と言えば、数字、数字、数字のオンパレード……。

ジュール・ヴェルヌは、日常的に科学論文にも目を通していました。そのため、物語のなかに科学的知見を導入することが多かったのです。『地球から月へ』も例外ではありません。冒頭でまず先行研究ならぬ、古今の空を飛ぼうとした物語を列挙し、比較検討を加え、そのうえで「大砲」という手法の有効性・現実性を述べています。月へ行く方法を考える際にも、その根拠となる理屈だてが具体的な数字とともに示されます。

もちろん現代科学との齟齬もあります。そもそも描写されている発射時の加速度（2万G）に、人体はとても耐えられません。また、月と地球の間の重力均衡点（ラグランジュ・ポイント）以外では、無重力にならないとしています。

しかし一方で、発射時の初速として述べられる10・92㎞／ｓという速度は、地球の引力を振り切るために必要な11・2㎞／ｓに非常に近い値です。また、月へ到着するまでにかかる時間として計算された35万秒という数字も、実際にアポロ11号が月へ着陸するまでにかかった時間の37万秒と比べると、妥当なものと言えるでしょう。[※4]

このように『月世界旅行』が織りなす、「サイエンスなのにフィクション」「フィクションなのにサイエンス」という〝現実と非現実の地続き感〟は、当時出版されていた小説とは一線を画し、まさに異彩を放っていました。それと同時に、当時の少年少女らに知的なときめき（センス・オブ・ワンダー）を与え、心を摑んだのです。

やがて、ヴェルヌに夢中になった人のなかから、〝本物のサイエンス〟の匂いを嗅ぎ取った者たちが現れます。ヴェルヌの提示した空想に「ここが間違っている」と疑問を呈し、「どうすればいいのか」という問いにいたった人々が、生涯を賭して「人類を月へ送る」という壮大な夢を追い求め始めたのです。

ここからは、フィクションから伸びた空想の芽が、サイエンスという足がかりで現実と結びついていく様子を紹介します。

偉大なる「ロケットの父」を生み出した

その本は、モスクワの図書館や本屋に入り浸っていた、1人の痩せぎすで難聴を患った少年のもとに届きました。

彼の名は、コンスタンチン・ツィオルコフスキー。のちに「ロケットの父」と呼ばれる人物です。[※5] ツィオルコフスキーは1857年、モスクワ南東のイジェフスクで生まれました。難聴により学校教育を受けられなかったものの、学識豊かな両親の影響で勉学に目覚めると、16歳で単身モスクワへと旅立ちます。

月に10ルーブルしかない仕送りを本と実験器具に費やし、食事は水と黒パンのみという極貧生活のなか、彼は学問に打ち込んでいきます。そしてあるとき、通いつめていた本屋で『月世界旅行』に出合い、自身の学究の目指す先を「宇宙へ

ツィオルコフスキーの公式

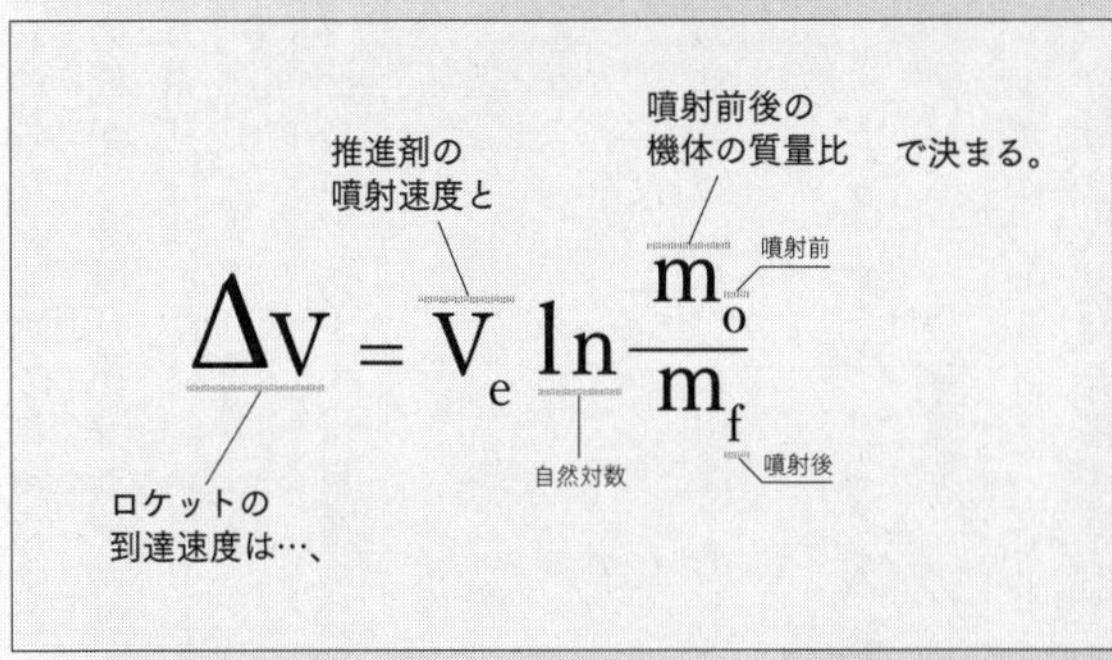

$$\Delta V = V_e \ln \frac{m_o}{m_f}$$

行くこと」であると定めたのです。

ツィオルコフスキーは物理学と数学を基礎の基礎からほぼ独学で学び終え、帰郷しました。そして教師の仕事に就くと、これまで培ったたしかな学識と誠実な指導が評判となり、そのみすぼらしい出で立ちとは裏腹に町の人々の人気を集めていきます。

本業の傍ら、生涯の目標として掲げた「宇宙」への研究も続け、1903年、史上初めて宇宙飛行の科学的な実現可能性について論じた、「反動機械を用いる宇宙の探査」を発表します。田舎町の教員が書いたこの論文に書かれた式は、のちに「ツィオルコフスキーの公式」と呼ばれることとなります。これは、現在のロケット工学においてなくてはならない公式のひとつです。
そのほか、多段ロケットや無重力空間での人体の移動法など、ツィオルコフスキーの先見性はまさに「ロケットの父」と言うべき網羅性と精緻さを兼ね備えたものでした。
ツィオルコフスキーは自身の著作のなかで次のように残しています。

「地球は人類のゆりかごだが、いつまでもゆりかごの中に留まってはいないだろう」

その言葉どおり、人類はこのあと加速度的に宇宙への道を歩むことになります。

ツィオルコフスキーの理論を実現した男

ツィオルコフスキーがこの世を去った年、アメリカでは世界初のジャイロスコープを使った誘導装置を搭載する、ロケットの打ち上げ実験が行われました。

開発した男の名は、ロバート・ゴダード[※6]。これまで理論研究に留まっていたツィオルコフスキーの考察を、ロケット開発で実現した人物です。ゴダードもまた『月世界旅行』に魅せられて、宇宙旅行の夢に取り憑かれた1人です。父親の影響で一度は医学の道に進みますが、宇宙への夢が諦めきれず、人生の舵をロケット工学へと切りました。

1926年、ゴダードは世界初のロケット推進による飛行機械の実物を作り上げ、マサチューセッツ州オーバーンの荒野で打ち上げ実験を実施、見事これを成功させました。しかし世間の風当たりは、その歴史的偉業にもかかわらず厳しいものでした。当時の「タイムズ」の社説では、「ロバート教授は、作用反作用の基本的な法則も知らないようだ。真空の宇宙空間で、何を押して飛ぼうというのか」と酷評しています。ロケットの推進とは、地上での動きにたとえるなら、キャスター付きの台に乗ったまま後ろに荷物を放り投げて、反動で逆側に進むという仕組みを応用したものです。この動きはまさしく作用反作用の法則に則ったものであり、「タイムズ」の社説の批判は完全に的外れなものでした。

実験の成功とは裏腹に、晒される嘲笑の数々に辟易したロバートは、世間との交流を断ち、孤独な研究者として生きていくことを選びました。結局、ロバートが存命の間、彼の研究の価値が認められることはありませんでした。

ドイツでロケット愛好家団体が発足

時は少し遡り、1905年のドイツでは、11歳の少年が誕生日に母から与えられた『地球から月へ』に夢中になっていました。少年の名はヘルマン・オーベルト[※7]。彼は物語を何度も読み返すうちに、すっかり暗記するほどになります。さらに、ロケット研究者として名を上げていたツィオルコフスキーの著作に影響を受け、オーベルトもロケット開発の道へと進んでいきました。

1923年にオーベルトが発表した論文「惑星間空間へのロケット」は、ロケットの推進原理のみならず、宇宙空間で人がどのように暮らすかといった具体的な問題までも論じています。たちまちドイツ国内で「ロケットブーム」とも言うべき、一大ムーブメントが巻き起こりました。その波に乗り、オーベルトの論文をきっかけとして設立されたのが「ドイツ宇宙旅行協会（通称VfR）」です。

青年の夢が、悪魔に買われる

1932年、VfRは設立当初ほどの勢いはないまでも細々と活動を続け、小型のロケットの開発や実験を民間規模で行っていました。そのなかでもとりわけ熱心に活動していたのは、ベルリン工科大学に通う、とある青年です。彼は学費と活動資金捻出のため、学業の傍らタクシー運転手のアルバイトをしていました。

ある日、青年の運転するタクシーに3人のドイツ陸軍将校が乗り込んだことで、宇宙開発のその後、ひいては国家の命運さえも変わってしまいました。

将校らは、過日行われたロケット実験に関する諸問題について、車内で議論していました。内容が行き詰まり、自然と沈黙が降りた車内で、生来のロケット好きだった青年は、思わず口を出してしまいます。

「その件については少し分かりますよ」

ドイツ軍が直面していた問題に対して、一介の運転手の口から高度な見解が流れ出る様に感心した将校たち。翌日、その青年を陸軍最高司令部へと招くと、半年ほど経って次のように提案をしました。

「ドイツのためにロケット兵器の開発を行わないか。民間サークルなんぞよりまし な資金を用意するぞ」

そもそもロケット開発というのは、莫大な資金を要する分野です。身の丈に合わない夢を抱えてしまった青年にとって陸軍の誘いは渡りに船でした。[※8]

のちに青年は、当時のことを次のように振り返っています。

「私の宇宙への夢は、人道的な立場からロケットの研究を中止するには、あまりにも強かった。その頃の私は、宇宙旅行の実現に向かって大きく前進できるならば、悪魔に心を渡してもよいとさえ思っていたのです」

『月を目指した二人の科学者』（的川泰宣著、中公新書）より引用

そして、国家という名の〝悪魔〟に、青年の夢は高値で買い取られることとなります。青年の名はフォン・ブラウン[※9]。のちに人類を月に送り込むことになる張本人です。

ヒトラーも一目置く、兵器としてのロケット

1942年10月3日、バルト海沿岸のペーネミュンデ基地でロケットの打ち上げ実験が行われていました。

その日打ち上げられた「A-4」という名のロケットこそ、現存するあらゆるロケットの「原点」とも言うべき存在です。

しかしA-4は、ブラウンが当初夢見ていた「宇宙へ行くため」と言うには程遠く、「兵器として」の実用性を優先して設計されたものでした。宇宙を縦横に

駆け巡るのではなく、初めから「落下地点（＝攻撃目標）」が決まっています。ブラウンは、そのための制御に必要なパーツ数を大幅に削減するための効率化や、移動式発射台など、徹頭徹尾「兵器」としての取り回しを意識して作らなければならなかったのです。

ペーネミュンデ基地での成功以降、ナチス親衛隊からも注目を集めていたA－4。第二次世界大戦下での戦況が悪化するにつれて、アドルフ・ヒトラーも現状打破の要として期待を寄せるようになります。

「最新巨大兵器による大逆転劇」という触れ込みに釣られたヒトラーは、ついにA－4の量産計画にサインします。A－4は、「報復兵器2号」を意味する「V－2」の名で量産が開始されました。

そして1944年9月8日、A－4改めV－2はついにロンドンを目がけて発射されたのです。翌年3月に攻撃が終了するまでに、推定で2700人以上の命を奪ったと言われています。V－2がロンドンに着弾した日、ブラウンは次のように語っています。

「ロケットは完璧に動作したが、着陸する惑星を間違った」

ドイツの設計をもとに、ソ連が傑作機を生み出した

ヒトラー自殺の報を受け、1945年5月、フォン・ブラウンをはじめとするペーネミュンデ基地の技術者たちは一斉にアメリカへと亡命しました。そこで次なる宇宙計画に着手することとなるのです。

一方、無人となったペーネミュンデ基地にはソ連軍が侵攻し、V－2の研究資料を我が物にせんと調査団が派遣されました。指揮を執ったのは、セルゲイ・コロリョフ[※10]。無実の罪によって強制労働施設に収容された際、劣悪な環境で壊血病を患ったり、尋問によって顎を砕かれるなど、多くの障害を乗り越えた質実剛健な男です。コロリョフは、ブラウンが成し遂げた偉業の痕跡を目にして驚嘆しました。そして、この技術を持ち帰り、祖国をさらなる高みへ押し上げようと決意

したのです。そして、ソ連の秘密工場であるバイコヌール基地でロケットの開発に乗り出しました。

コロリョフは恐るべき執念でV－2、もといA－4の残骸を余すことなく解析し、周辺に散っていた旧ペーネミュンデの技術者たちを探し出していきます。そして、A－4の模倣である「R－1」ロケットを開発。そして徐々に大型化を繰り返していき、ついに「R－7」ロケットという傑作機を完成させました。R－7はのちに、数々の「世界初」の冠を戴くことになります。

R－7はゆうにアメリカへ届く射程を持つ、世界初の「大陸間」弾道ロケットです。それまでは、爆撃機が現地へ赴いて攻撃をしなければならず、そこには常に撃墜されるリスクが伴いました。R－7は「アメリカ本土爆撃」という決戦攻撃を、ボタンひとつで実現する画期的な超兵器だったのです。

一方アメリカは、元ナチス党員であるフォン・ブラウンを迎えたものの、開発に携わらせず飼い殺しにしていました。ナチスに協力していた過去の経歴のためです。天才を生かすことができないアメリカは、R－7の登場により、本来得ていたはずの優位を一瞬で覆されたのです。

アメリカとのパワーバランスを決定づけるであろう兵器の完成に沸くソ連共産党中央委員会に対し、コロリョフは一世一代の提案を突きつけます。

「世界初の人工衛星を打ち上げるべきはソ連でしょうか、アメリカでしょうか」

通常であれば、軍事的に何のメリットもない（と考えられていた）、〝地球の周りを回るだけの代物〟などに予算を割くことなどないでしょう。しかし、コロリョフの言葉には次のような含みがあったのです。

「もはや我々には打ち上げるだけの技術は揃っている。これを逃して他国に先を越されるという〝歴史的な〟責任をお前たちは取れるのか」

自信と恫喝（どうかつ）を込めた言葉に、ソ連共産党中央委員会は最終的に、〝消極的な黙認〟という形で応えました。こうしてソ連政府は、ロケットの到達地点を「地球」ではなく、かつて人類が夢見た「宇宙」に定めたのです。

史上初の人工衛星「スプートニク1号」発射

1957年10月4日、R-7ロケットに取り付けられた人類史上初の人工衛星、「スプートニク1号」が打ち上げられました。鏡のように磨き上げられた球形のボディは、あらゆる方向へ光を反射し、バッテリー式の無線送信機から送られるスプートニクの〝歌〟[※11]は、ソ連の技術力を世界中に喧伝しました。

「ソ連邦、世界初人工衛星打ち上げ成功」

亡命先のアメリカでその第一報を受けたブラウンは、悔しさに打ち震え、当時の国防長官ニール・マッケルロイに直訴しました。

「本来なら我々は2年前に実現できていました。GOと言ってください。60日で同じことをやってみせます」

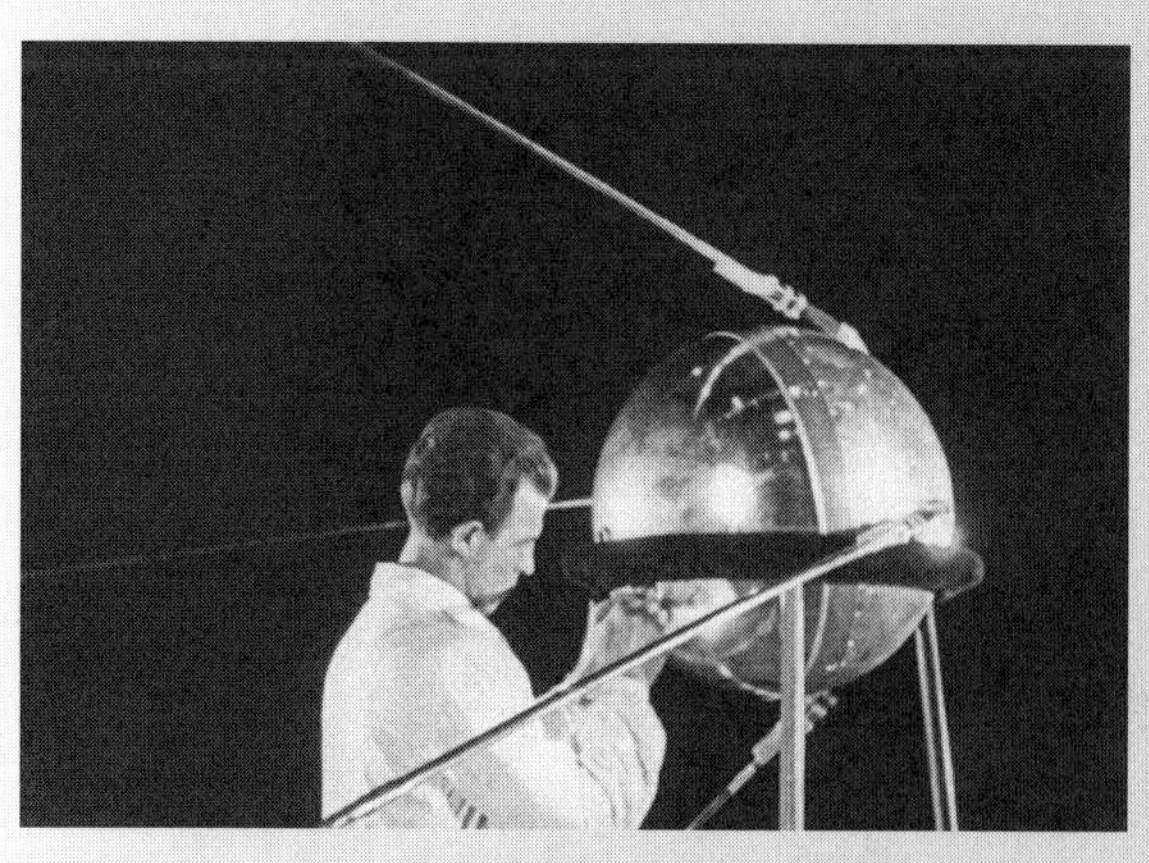

スプートニク1号。

それにマッケルロイはこう応えたと言います。

「落ち着け、90日でいい」

一方ソ連政府は、「スプートニク・ショック」で動揺する西側諸国を見たことで、コロリョフが成し遂げた偉業の価値をようやく理解しました。当時の指導者ニキータ・フルシチョフは、コロリョフに対し直々の命を与えます。

「よくやった。ついては次の革命40周年式典に合わせて、また何かすごいものを打ち上げてくれ」

……それは、式典26日前の下命でした。

かくしてコロリョフは「史上初の人工衛星」に次いで、「史上最短の宇宙ミッション」に駆り出されるのです。

突貫事業にもかかわらず「スプートニク2号計画」は、単に1号の焼き直しではなく、新たな実験にも挑戦していました。「宇宙空間の生物への影響調査」という名目で、ロケットに生き物が積み込まれたのです。

そして、世界で最も有名な犬となるライカ（雌）は、宇宙へと飛び立ちました。

じつはこのときスプートニク2号は、大気圏再突入用には設計されておらず、初めから片道のみの決死行として計画されていたのです。ライカの身体につながれた計器は、心臓の鼓動をデータで地上へ送り、じつに4日間[※12]もの間、彼女が宇宙空間で生存し続けたことを知らせました。

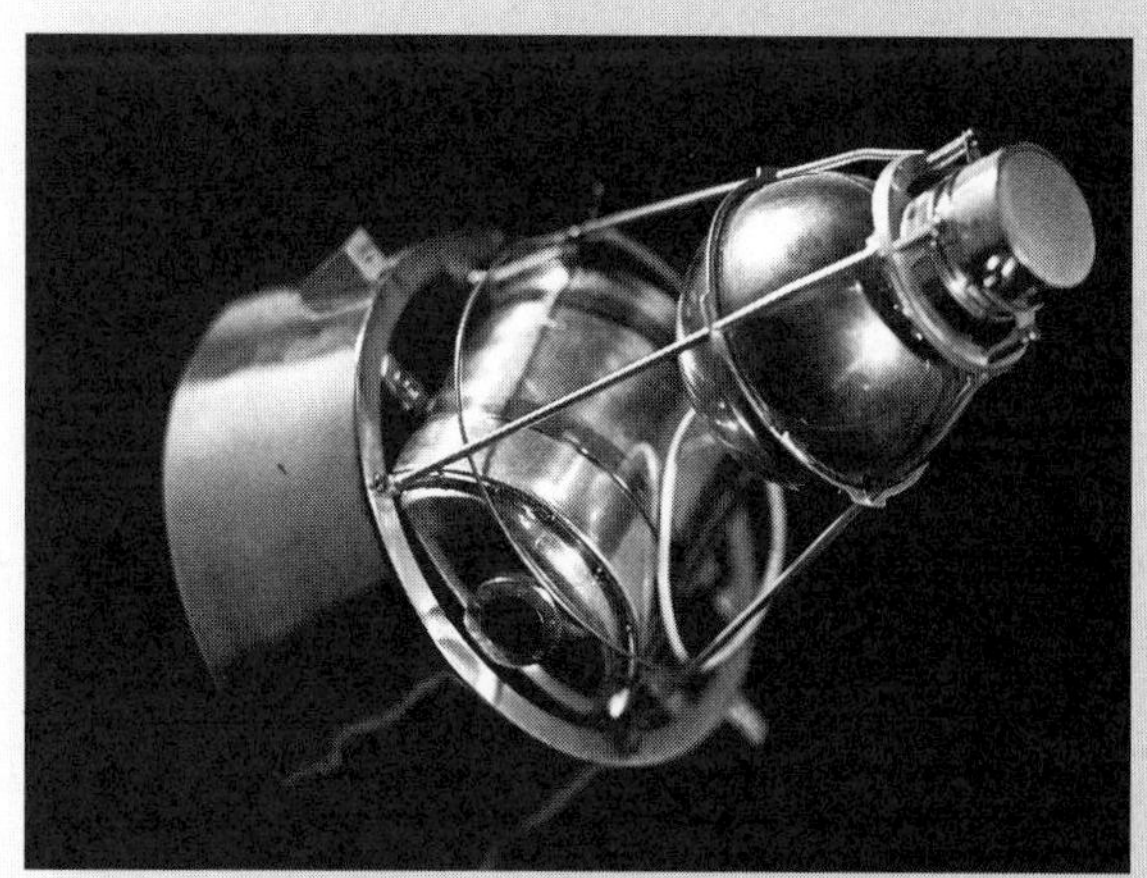

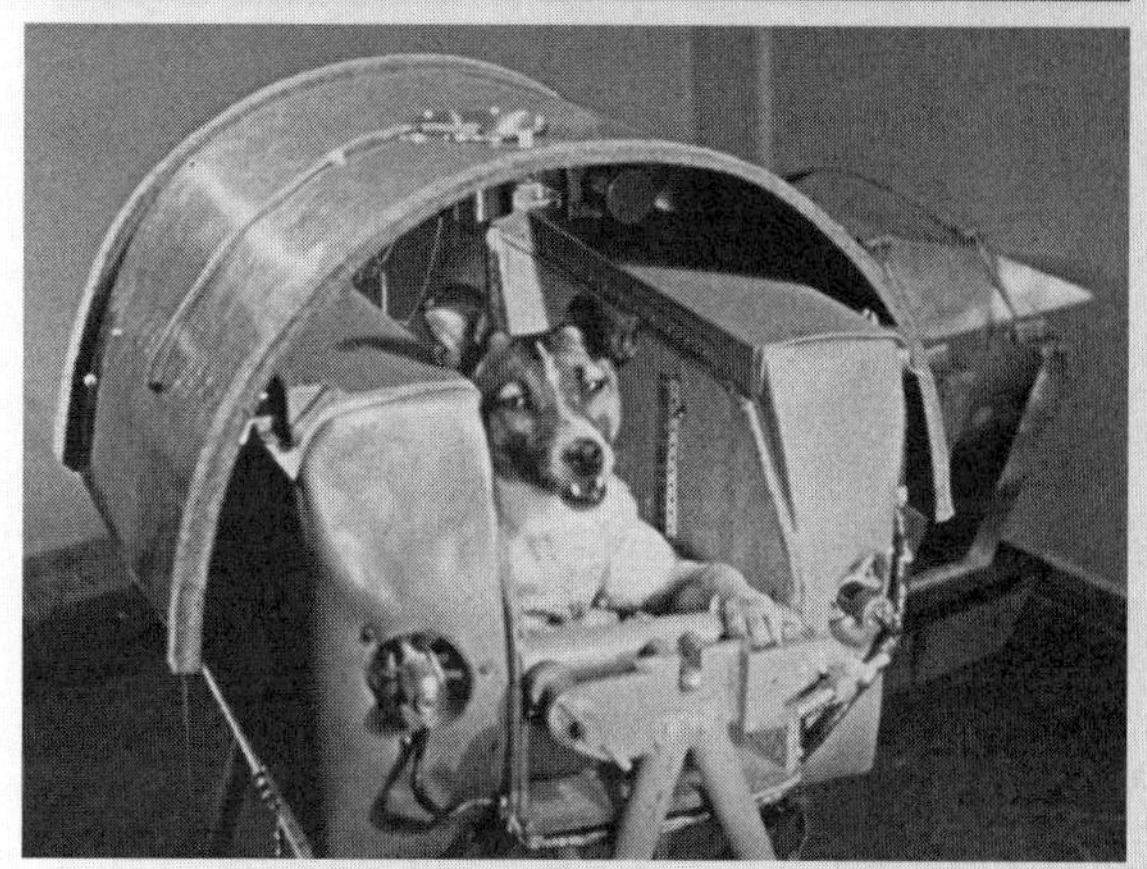

スプートニク2号(上)と、犬のライカ（下）。

後ろ指をさした男に救われるアメリカ

続々と報じられる、ソ連による宇宙開発事業の成果。一方、功を焦ったアメリカ海軍は人工衛星の打ち上げ実験[※13]で無残にも失敗します。もはやアメリカの技術的威信はズタズタでした。そしてようやく「兵器ではない」宇宙開発事業に向け、本格的な舵を切ったのです。

ところが研究を進めるにつれ、〝ある事実〟が明らかになりました。ロケット推進に必要な技術の多くについて、すでに1人の人物によって特許が取得されていたのです。

それは、ゴダードでした。彼は世間の嘲笑に晒されながらも、独り黙々と研究を続け、人知れず数多くの研究成果を残していたのです。かつて合衆国が後ろ指をさしたのは、はるか先を歩む男の背中だったのです。

その後の政府の動きは早く、ゴダードが取得した214件にのぼる特許について一括で[※14]100万ドルの値で買い取ることを決めます。譲渡に応じたゴダード夫人はその手のひら返しに何を思ったことでしょう。いずれにせよその決断は、ゴダード本人が描いた夢を、考えうる限り〝最短で実現できる組織〟に委ねることになりました。

1958年、大統領のアイゼンハワーは、アメリカ航空宇宙局（通称NASA）の設立に関する大統領令にサインし、非軍事主導での宇宙開発にゴーサインを出しました。また時を同じくして「人間を宇宙に送り、安全に帰還させる」という「マーキュリー計画」[※15]が打ち立てられました。軍属のテストパイロット508名のなかから世界初の「宇宙飛行士」として7人が選び出されます。

大きく水をあけられてしまったソ連との間を詰めるには、「初の有人宇宙飛行」という実績がなんとしても必要だったのです。

ここからロケット開発競争は、資本主義対共産主義という「どちらがより素晴らしいものを作れるか」という、プライドとイデオロギーを賭した勝負になっていきます。

不倶戴天（ふぐたいてん）の者同士が、同じ空に浮かぶ月へ挑む——。米ソ宇宙開発戦争の幕開けです。

それでもソ連に勝てないアメリカ

有人宇宙飛行に向け、フォン・ブラウンがロケットの改良に奔走するなか、またもソ連から成功の報が飛び込みます。

1959年9月12日に打ち上げられた「ルナ2号」が、世界で初めて月面に到達。次いで3週間後の「ルナ3号」は、月を周回し、未だかつて人類が見たことがなかった「月の裏側」の撮影に成功したのです。フォン・ブラウンの焦りはピークに達しました。さらに追い打ちをかけるように、ソ連から続報が飛び込みます。

1961年4月12日、ユーリ・ガガーリン[※16]を乗せたロケット「ヴォストーク1号」が、バイコヌール宇宙基地から飛び立ちました。人類で初めて肉眼で「地球」の全貌を目撃したガガーリンは、「空は暗く、地球は青かった」という言葉を残しました。

アメリカはまたしても「史上初」のトロフィーを逃したのです。

なぜここまでアメリカが先を越されてしまったのか――。その理由は2つあります。

ひとつは東側諸国に対して、技術的優位を過信した奢りによる出遅れがあったこと。もうひとつは、ソ連側が完璧な秘匿体制を敷いていたことです。

アメリカ側は、成功・失敗を問わず仔細を公開していました。対するソ連側は、一切の進捗を秘匿し、成功時だけ公表していたのです。コロリョフの存在も、暗殺のおそれがあるとして「チーフ・デザイナー」の肩書きで報じていました。この秘匿はコロリョフが死亡するまで続けられたため、生前において偉業が称えられることはありませんでした。つまり、アメリカにいるフォン・ブラウンは徹頭徹尾〝見えない相手〟と戦わされることに

ヴォストーク1号。

なったのです。

キーパーソンを失い、ソ連が失速

ソ連の宇宙開発をその技術力と求心性によって牽引したコロリョフでしたが、ヴォストークの打ち上げ以降、体調を崩しがちになりました。精力的にロケット開発を推し進めるその一方で、収容所時代に患った心臓の発作は、自身の身体を度々苦しめたのです。

1966年1月5日、コロリョフは直腸に見つかったポリープの内視鏡手術を受けるため、モスクワにある通称クレムリン病院に入院します。手術自体は難しくはないはずでした。しかし、止血できないほどの出血が起こったこと。また、止血のために開いた腹部に癌性の腫瘍も発見されたことで、手術は大幅に時間を要しました。また、かつて拷問によって砕かれた顎は、麻酔用マスクの装着を困難にしました。そこで筋肉弛緩剤を注射したところ、意識不明に陥ったのです。

術後も停止したままの心臓は、ソ連屈指の名医たちの蘇生も虚しく再び動きだすことはありませんでした。

こうして、宇宙開発戦争を牽引した東の片翼は、その結末を見届けることなくこの世を去りました。コロリョフの安全を守るための秘匿体制も不要となり、ソ連は国葬でもって盛大に弔(とむら)いました。遺骨はクレムリンの壁へと埋葬されています。

技術的にも精神的にも〝支柱〟と言うべき人物を失ったことで、ソ連の宇宙開発にはブレーキがかかります。

「ソ連が世界初の有人宇宙飛行に成功した」という報せが世界中を駆け巡ったひと月後の5月、アイゼンハワーに代わって就任した若き大統領ジョン・F・ケネディは、冬に予定していた計画発表を繰り上げ「月面着陸計画」を発表。10年以内に人類を月に送り込み、かつ安全に帰還させることを宣言しました。[※17]

ソ連の後塵を拝することに辟易していたアメリカ国民は、ケネディのスピーチに歓声を上げ、翌日から続々とNASAへ寄付金が集まりました。

こうして「アポロ計画」は、国民の圧倒的な後押しによって動きだしたのです。

そして〝鷲〟は、月に舞い降りた

1969年7月16日、ニール・アームストロング、マイケル・コリンズ、バズ・オルドリンの3名はケネディ宇宙センターでサターンV型ロケットに乗り込みました。NASAアポロ計画における5度目の有人ミッションにして、11番目の機体「アポロ11号」が、ついに人類を月に送るべく飛び立ったのです。

アポロ11号を語るドラマや映画では、ほとんどが発射前、そして着陸の瞬間を中心に描かれます。なぜなら、そのほかの旅程にはほとんど〝ドラマ〟が存在しないからです。

「物語」とは、予期せぬ困難、史上初の瞬間など、ドラマチックな部分ばかりが切り取られるものです。アポロ11号の旅程において、いわゆるドラマチックな部分はほぼ存在しません。あらゆるケースを事前に想定し、そのために必要な実験もすでに完了していたからです。言い換えれば、「旅程からドラマをなくす」こところこそが、技術者たちの使命だったのです。

「史上初」は、「人類が月に降り立つ」というその一点に集約されていました。

1969年7月16日13時32分、地球を飛び立ったサターンV型ロケットは、アポロ11号の司令船「コロンビア」を、月へと向かう道のりの途中で切り離し、続いて180度反転させた状態でドッキング。月軌道へと向かいました。

7月19日、無事に月周回軌道へ。翌20日、アームストロングとオルドリンを乗せた着陸船「イーグル」が月地表へ向け、アポロ11号から切り離されました。

ところが、降下に向けてジェット噴射を行う直前、船内にけたたましいアラームが響き渡りました。艦内表示には「1202」というエラー

アポロ11号。

コードが灯り、アームストロングは即座にヒューストンに問い合わせます。

このエラーコードは、コンピュータの処理能力を超える情報がセンサに入っていることを意味しています。つまりこの表示は、重要な情報処理のために優先度の低い情報を切り捨てているということを示すものでした。連絡を受け取ったヒューストンは、その問題が「すでに訓練で発生していた」ことを瞬時に判断すると、「ミッション継続」の指示を出しました。

想定内であることに安堵したのも束の間、今度は別の問題が待ち受けていました。このアラームは、着陸先に気を配るべきアームストロングの意識を、艦内に向けさせてしまったのです。

減速のためのジェットの噴出がわずかに遅れたことで、アームストロングの心拍数はこのとき150拍／分を記録しました。[※18] しかし、彼の鋼の自制心は驚くべき精密さでもってマニューバ（機動）を操作し、無事、月面への着陸を成功させたのです。

「着地完了」

オルドリンの報告を受けたアームストロングは、「エンジン・ストップ」のボタンを押すと、静かに言い放ちました。

「ヒューストン、こちら静かの海基地。イーグル号着陸」

すべては、ひとつのフィクションから

ジュール・ヴェルヌが、空想のコロンビアード砲を月に向けてから約1世紀。着陸船「イーグル」は人類を乗せ、司令船「コロンビア」から、本物の月へ降り立ちました。

「これは1人の人間にとっては小さな1歩だが、人類にとっては偉大な飛躍である」

アームストロングが語った「偉大な飛躍」とは、いくつもの偉大な「1歩」の積み重ねの先にあります。

サターンV型ロケットに採用された「多段式分離エンジン」を構想したのは、ツィオルコフスキーです。

バルブ制御で推力をコントロールする「液体燃料式ロケット」を初めて実現したのは、ゴダードです。

その命懸けの執念で、世界を宇宙時代へと駆り立てたのは、コロリョフです。

そして38万kmという、月までの長い道のりの第1歩となったのは、たったひとつのフィクションだったのです。

――時代は流れ、2008年4月3日。欧州宇宙機構が打ち上げた初の補給船が、国際宇宙ステーションとドッキングしました。

その船の名は「ジュール・ヴェルヌ」。

このとき、貨物と一緒に国際宇宙ステーションへ届けられた『月世界旅行』の直筆原稿は、その物語で描かれたとおり、地球の空をめぐりました。

補給船ジュール・ヴェルヌ（上）。ジュール・ヴェルヌ初号機には、直筆原稿2枚と『地球から月へ』『月世界へ行く』のフランス語版が積まれ、国際宇宙ステーションのクルーへ届けられた。

＊

――以上が、宇宙時代の原点にして原典となった書と、そこから始まった宇宙開発競争のあらましに関する紹介です。

この長いようで短いムーンショットの過程はその後、いくつもの新技術が生み出され、私たちの生活を支えています。

たとえば、ウィリアム・グイアとジョージ・ワイフェンバックは、スプートニクの発する電波の波長から衛星の現在地を特定することに成功しました。さらに彼らは、その発想を逆転させ、「現在地が分かっている衛星から自分との距離が分かれば、自分の現在地が分かるのでは？」と考えました。その発想は、ＧＰＳ技術へと受け継がれています。

月への誘導プログラムに採用されたのは、当時、一般的に知られていなかった「ソフトウェア」という概念です。同じ機器がその時々に応じて異なる動作を行う「ソフトな実装」という概念は、現代、私たちの目に見えぬあらゆる場所まで行き渡りました。

ＳＦから伸びた芽は現実と重なり、現代はかつてのＳＦ以上の世界へと姿を変えつつあります。

人はよく「現実とフィクションの区別もつかないなんて」という皮肉を語ります。しかし私たちは、かつて空想にすぎないと一笑に付された物語のなかに生きているのです。

「世界」という歯車を誰よりも駆動させる者とは、誰よりも空想のなかに生きる者のことなのかもしれません。

脚注

[336ページ出典] Dr. Robert H. Goddard, American Rocketry Pioneer (NASA、https://www.nasa.gov/centers/goddard/about/history/dr_goddard.html)

※1　Jules Gabriel Verne（1828年2月8日〜1905年3月24日）。フランスの小説家。「SFの父」とも呼ばれる。

※2　本書において、特に区別せず『月世界旅行』と述べる場合は、この2冊をまとめたものを指す。

※3　実際、メリエスによる映像化の際には、あっという間に月に降り立ち、「月人」や「月の王」らとの戦いを経て地球に帰るまでが描かれている。しかし、じつは、月人のくだりについてはH・G・ウエルズの『月世界最初の人間』をもとにしており、ヴェルヌの原作にそのようなシーンはない。

※4　現代の視点で、実現性に欠ける点や計算が甘い点を〝指摘することができる〟ということが、当時の「フィクション」としては驚くべきこと。この点が「世界初の本格SF小説」たらしめる所以と言える。なお、月との行き来を描いた物語としての最古のものはルキアノスの『本当の話』、または同作者の『イカロメニッポス』と言われている。

※5　Konstantin Eduardovich Tsiolkovsky（1857年9月17日〜1935年9月19日）。ロシア帝国イジェフスク（リャザン州）生まれのロケット研究者、物理学者、数学者。

※6　Robert Hutchings Goddard（1882年10月5日〜1945年8月10日）。アメリカの発明家、ロケット研究者。

※7　Hermann Julius Oberth（1894年6月25日〜1989年12月28日）。ドイツのロケット工学者。

※8　逆に言えば、この時代に資金以外の点で青年以上に身の丈にあった人物はいなかったということだ。

※9 Wernher Magnus Maximilian Freiherr von Braun（1912年3月23日〜1977年6月16日）。

※10 Sergei Pavlovich Korolev（1907年1月12日〜1966年1月14日）。ソビエト連邦の最初期のロケット開発指導者。

※11 コロリョフは、スプートニク1号から発せられる通信音に歓喜し、「これは、いままで誰も聞いたことのない音楽だ」と語った。

※12 発射後、数時間で死亡したという報告もある。

※13 フォン・ブラウンとは別の事業。

※14 現代の日本円で約6億円。

※15 ローマ神話にある〝旅行の神〟メルクリウスの英語名になぞらえて名付けられた。

※16 Yurii Alekseyevich Gagarin（1934年3月9日〜1968年3月27日）。ソビエト連邦の軍人、パイロット、宇宙飛行士。

※17 ケネディが上手かったのは、（反発もあったが）計画に必要な人材を各選挙区から満遍なく採用したことや、「計画にはカネがかかる」という事実を隠さなかったことである。そして何より、ソ連の後塵を拝し続けていた世論のプライドをくすぐる巧みなスピーチがあった。

※18 常人であれば運動後程度だが、打ち上げの瞬間ですら100拍／分前後を保っていたアームストロングにとっては異常事態と言える。

おわりに

この度は、『奇書の世界史』を手に取ってくださり、誠にありがとうございます。

本書は、私がニコニコ動画およびＹｏｕＴｕｂｅに投稿している動画シリーズ、「世界の奇書をゆっくり解説」の内容を加筆・修正したものです。

動画タイトルの「ゆっくり」とは、テキスト読み上げソフト（SofTalk、AquesTalkなど）の俗称です。解説の語り口がゆったりしているという意味ではありません。

ニコニコ動画では、この「ゆっくり音声」を用いた解説動画が、１つのジャンルとして定着しています。顔出しの必要な「ユーチューバー」よりも参入障壁が低いので、歴史や古典、ホラー、都市伝説など、様々な「ゆっくり解説」動画が投稿されています。大学の研究者のような専門家が投稿した動画も珍しくなく、なかには、人工知能のような情報科学の最先端を解説する動画まであります。

数ある「ゆっくり解説」のなかでも、私の扱う「奇書」はかなりニッチな分野です。しかし好運にも編集者である城﨑尉成氏の目に留まり、こうして皆様のもとへお届けする運びとなりました。

書籍化の打診を受けたとき、原稿執筆は容易なものだろうと予想していました。なぜなら動画制作の際の「ゆっくり解説」の台本が、そのまま手元にあったからです。このテキストデータさえあれば大丈夫だと考えていたのです。

しかし、大きな問題が1つありました。

それは私が、自分の動画を見過ぎていたことです。料理で言えば味見をしすぎている状態で、何が「美味しい」のかを見失っていたのです。

さらに、動画用の台本を書籍用の原稿に書き換える作業は、想像の何倍も難しいものでした。

たとえば読者の皆様は、ラジオや演説の書き起こし原稿を読んだことはおありでしょうか？　音声の解説には、話題の重複や独特の表現がつきものです。しかし、それをそのまま文章にすると、冗長で読みにくいものになってしまいます。

そこで担当編集者の客観的な視点も交え、大幅な改稿作業を行いました。おかげで、こうした問題を克服できたと自負しております。

また、ブックデザインの三森健太氏、挿画の畠山モグ氏のお二人なくして、本書は完成しませんでした。事前にお伝えした漠然としたイメージを、明確な「作品」に仕上げていただきました。月並みな表現ですが、「プロの仕事」というものに畏敬の念を覚えずにはいられません。

そして、何より感謝を述べたいのは、私の動画をいつもご支援くださっている視聴者の皆様です。動画の再生はもちろん、コメント、チャンネル登録などで盛り上げてくださったからこそ、こうして日の目を見ることができました。本書は、そんな皆様とともに作り上げた1冊です。

担当編集者をはじめ、書籍化に関わった方々が一様に口にされるのは、まさに視聴者様の持つ「熱量」の高さです。動画という媒体は、投稿者から視聴者へ向けた一方通行のコミュニケーションではありません。いただく感想やコメントを介して、内容を補足したり、改善するといった双方向的な関係があります。こうした視聴者様方の「歴史を楽しもう」という「想い」が、動画の価値を何倍にも高め、その結果、書籍化され大勢の方の目に留まる場所まで押し上げていただけたのだと、私は確信しています。

最後に、この本を手に取ってくださったすべての方にお礼を申し上げます。本書が皆様の「価値観」を広げる一助となったのであれば、無上の喜びです。

2019年8月吉日

三崎律日

ビリティスの歌

『エロスの祭司』(沓掛良彦著、水声社) ／『ビリティスの歌』(ピエール・ルイス著、沓掛良彦訳、水声社) ／『ビリチスの歌』(ピエール・ルイス著、鈴木信太郎訳、講談社文芸文庫) ／『新潮世界文学〈29〉ジッドⅡ』(アンドレ・ジッド著、堀口大學ほか訳、新潮社)

《写真提供》Roger-Viollet/アフロ、Heritage Image/アフロ

月世界旅行

『月世界旅行 驚異の旅』(ジュール・ヴェルヌ著、鈴木力衛訳、グーテンベルク21) ／『月世界へ行く』(ジュール・ヴェルヌ著、江口清訳、創元SF文庫) ／『月世界旅行 詳注版』(ジュール・ヴェルヌ著、W・J・ミラー注、高山宏訳、ちくま文庫) ／『月を目指した二人の科学者』(的川泰宣著、中公新書) ／『宇宙旅行の父 ツィオルコフスキー』(的川泰宣著、勉誠出版) ／『米ソ宇宙開発競争』(山崎雅弘著、六角堂出版) ／『デジタルアポロ』(デビッド・ミンデル著、岩澤ありあ訳、東京電機大学出版局) ／『宇宙に命はあるのか』(小野雅裕著、SB新書) ／『ロシア宇宙開発史』(冨田信之著、東京大学出版会) ／『人類を宇宙に送りだした男』(牧野武文著) ／ [Dr. Robert H. Goddard, American Rocketry Pioneer] (NASA、https://www.nasa.gov/centers/goddard/about/history/dr_goddard.html)

《写真提供》AP/アフロ、Science Source/アフロ、Science Photo Library/アフロ、ZUMA Press/アフロ、NASA/Science Source/アフロ

／『太宰治全集 11』（太宰治著、筑摩書房）
《写真提供》Universal Images Group/アフロ

物の本質について

『物の本質について』（ルクレーティウス著、樋口勝彦訳、岩波文庫）／『一四一七年、その一冊がすべてを変えた』（スティーヴン・グリーンブラット著、河野純治訳、柏書房）／『科学の発見』（スティーヴン・ワインバーグ著、赤根洋子訳、文藝春秋）／『すごい物理学講義』（カルロ・ロヴェッリ著監訳、竹内薫、栗原俊秀訳、河出書房新社）／『進化は万能である』（マット・リドレー著、大田直子、鍛原多惠子、柴田裕之、吉田三知世訳、早川書房）／『エピクロス』（出隆、岩崎允胤訳、岩波文庫）／『ギリシア哲学者列伝（下）』（加来彰俊訳、岩波書店）／「マキァヴェッリとルクレティウス」（厚見恵一郎）／［独立宣言（1776年）米国務省出版物〈米国の歴史と民主主義の基本文書〉］https://americancenterjapan.com/aboutusa/translations/2547/／［カラマーゾフの兄弟］（ドストエフスキー著）http://www.gutenberg.org/files/28054/28054-pdf.pdf

サンゴルスキーの『ルバイヤート』

「失われた宝石本を求めて――タイタニックと『グレート・オマー』」（気谷誠、『美術フォーラム21』vol.14、醍醐書房）／『オマル・ハイヤームと四行詩を求めて』（アリ・ダシュティ著、L・P・エルウェル-サットン訳、大野純一訳、コスモスライブラリー）／『ルバーイヤート』（オマル・ハイヤーム著、岡田恵美子訳、平凡社ライブラリー）／『ルバイヤット』（オマル・ハイヤーム著、フィッツジェラルド英訳、竹友藻風重訳、君見ずや出版）／『ルバイヤート』（オマル・ハイヤーム著、小川亮作訳、岩波文庫）／『厄除け詩集』（井伏鱒二著、講談社文芸文庫）／『コーラン（Ⅰ）』（藤本勝次ほか訳、中央公論新社）
《写真提供》Kodansha／アフロ

椿井文書

『由緒・偽文書と地域社会』（馬部隆弘著、勉誠出版）／『近代日本の偽史言説』（小澤実編、勉誠出版）／『偽史と奇書が描くトンデモ日本史』（原田実監修、オフィステイクオー著、実業之日本社）／『The critic as artist』（Oscar Wilde、Ediciones Mr. Clip）
《写真提供》GRANGER.COM／アフロ

天体の回転について

『科学の発見』(スティーヴン・ワインバーグ著、赤根洋子訳、文藝春秋) /『ケプラー疑惑』(ジョシュア・ギルダー、アン=リー・ギルダー共著、山越幸江訳、地人書館) /『幻想と理性の中世・ルネサンス』(ダレン・オルドリッジ著、池上俊一監修、寺尾まち子訳、柏書房) /『「豊かさ」の誕生』(ウィリアム・バーンスタイン著、徳川家広訳、日本経済新聞出版) / [FNの高校物理]http://fnorio.com/ /『旧約聖書』(1955年訳、日本聖書協会) /『新約聖書』(1954年訳、日本聖書協会)

《写真提供》akg-images/アフロ、Science Source/アフロ

非現実の王国で

『ヘンリー・ダーガー 非現実を生きる』(小出由紀子編著、コロナ・ブックス) /『ヘンリー・ダーガー 非現実の王国で』(ジョン・M・マグレガー著、小出由紀子訳、作品社) /「美術手帖」(2009年07月号、美術出版社) / [HENRY DARGER]http://officialhenrydarger.com/ /「アスペルガー障害の芸術的創造性 ヘンリー・ダーガーの精神分析的理解」(木部 則雄)https://cir.nii.ac.jp/crid/1050564287706803584 /『賜物』(ウラジミール・ナボコフ著、沼野充義訳、河出書房新社) /『Henry Darger』(Klaua Biesenbach著、Prestel)

《写真提供》Ullstein bild/アフロ、AP/アフロ

フラーレンによる52Kでの超伝導

『論文捏造』(村松秀著、中公新書クラレ) /『超電導新時代』(村上雅人著、工業調査会) / [橘高 俊一郎 personal page 超伝導転移温度の推移]https://www.phys.chuo-u.ac.jp/labs/kittaka/contents/others/tc-history/index.html / [Midgaard What got the Schön investigation going?] / http://middleyard.blogspot.jp/2012/05/may-24-2002-what-got-schon.html / [有機伝導体の歴史]https://www.molecularscience.jp/research/8/8_2.html /『ベーコン随想集』(フランシス・ベーコン著、神吉三郎訳、岩波文庫)

《写真提供》Heritage Image/アフロ、picture alliance/アフロ

軟膏を拭うスポンジ/そのスポンジを絞り上げる

『磁力と重力の発見2』(山本義隆著、みすず書房) /「驚異の治療法」(岡田典之)

Know About The Voynich Manuscript]https://www.isi.edu/natural-language/people/voynich-11.pdf ／「部分文書クラスタリングによる未解読文書の解読可能性の判定」(安形輝、安形麻理) ／ [Beinecke rare book & manuscript library]http://brbl-dl.library.yale.edu/vufind/Record/3519597 ／ [超常現象の謎解き　解読不能な謎の文書「ヴォイニッチ手稿」]http://www.nazotoki.com/voynich.html ／ [Dvorak.jp]http://www7.plala.or.jp/dvorakjp/hinshutu.htm ／ [コージーコーチの諧調は滞るエントロピー　十字軍に滅ぼされたカタリ派]http://cozycoach.org/cccEssays/Cathars.htm ／ [随筆集](フラーレン・フランシス・ベーコン)https://www.fulltextarchive.com/page/Essays1/ ／『カイエ：1957-1972』(シオラン著、金井裕訳、法政大学出版局)

《写真提供》Universal Images Group/アフロ、GRANGER.COM/アフロ、Mary Evans Picture Library/アフロ

野球と其害毒

『熱血児 押川春浪』(横田順彌著、三一書房) ／『武士道』(新渡戸稲造著、矢内原忠雄訳、岩波文庫) ／ 東京日日新聞(1911年9月8日) ／ 大阪朝日新聞(1915年8月18日) ／「『野球害毒論争(1911年)』再考」(石坂友司) ／ 東京朝日新聞(1911年8月29日～1911年9月19日)

《写真提供》アフロ

穏健なる提案

『アイルランドを知れば日本がわかる』(林景一著、KADOKAWA) ／『図説 アイルランドの歴史』(山本正著、河出書房新社) ／『世界からバナナがなくなるまえに』(ロブ・ダン著、高橋洋訳、青土社) ／ [「アイルランドにおける貧民の子女が、その両親ならびに国家にとっての重荷となることを防止し、かつ社会に対して有用ならしめんとする方法についての私案」(ジョナサン・スウィフト)]http://e-freetext.net/modestproposal ／ [国立国会図書館デジタルコレクション「文学評論」](夏目漱石)／ http://dl.ndl.go.jp/info:ndljp/pid/871768/220

《写真提供》TopFoto/アフロ、GRANGER.COM/アフロ

参考文献

魔女に与える鉄槌

『魔女と魔女狩り』(ウォルフガング・ベーリンガー著、長谷川直子訳、刀水書房) /『魔女・産婆・看護婦』(バーバラ・エーレンライク、ディアドリー・イングリッシュ共著、長瀬久子訳、法政大学出版局) /『世界の奇書 総解説』(自由国民社) /『魔女の法廷』(平野隆文著、岩波書店) /『教皇と魔女』(ライナー・デッカー著、佐藤正樹、佐々木れい訳、法政大学出版局) /『魔女狩り』(黒川正剛著、講談社) / 戯曲『アルマンゾル』(ハインリヒ・ハイネ) /「魔女のイコノグラフィー」(田中雅志著、『ユリイカ』1994年2月号、青土社) /『旧約聖書』(1955年訳、日本聖書協会) /『新約聖書』(1954年訳、日本聖書協会) /『Almansor』(Heinrich Heine、Die Perfekte Bibliothek)

《写真提供》Roger-Viollet/アフロ、Mary Evans Picture Library/アフロ

台湾誌

『バンヴァードの阿房宮』(ポール・コリンズ著、山田和子訳、白水社) /『詐欺とペテンの大百科』(カール・シファキス著、鶴田文訳、青土社) /「サルマナザールと啓蒙の知のかたち」(石倉和佳、ガーデン研究会ジャーナル2:2016年3月) /「虚構に賭けた男」(吉田邦輔、国立国会図書館、1971年) /『アナトオル・フランス長篇小説全集 第1巻』(アナトオル・フランス著、伊吹武彦訳、白水社)

《写真提供》アフロ

ヴォイニッチ手稿

『ヴォイニッチ写本の謎』(ゲリー・ケネディ、ロブ・チャーチル著、松田和也訳、青土社) /『暗号の天才』(R・W・クラーク著、新庄哲夫訳、新潮社) / [ヴォイニッチフォント] http://www59.atwiki.jp/2chvoynich/pages/19.html#id_8112a8e7 / [Voynich Code - The Worlds Most Mysterious Manuscript - The Secrets of Nature] https://www.youtube.com/watch?v=awGN5NApDy4 / [Edith Sherwood Ph.D. The voynich Manuscript: Full Circle] http://www.edithsherwood.com/voynich_full_circle/index.php / [Sravana Reddy, Kevin Knight, What We